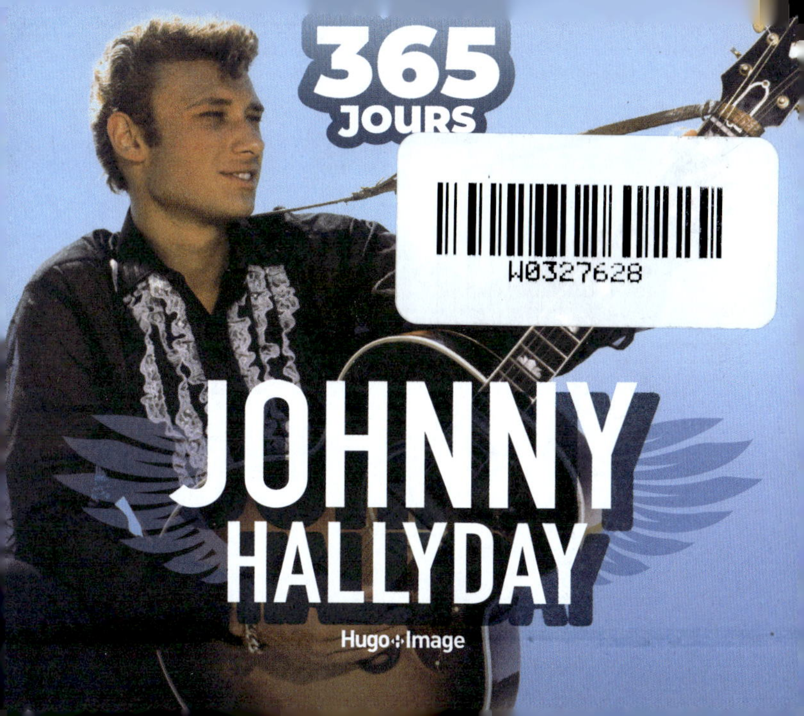

365 JOURS

JOHNNY HALLYDAY

Hugo Image

CRÉDITS PHOTOGRAPHIQUES

Toutes les photographies suivantes proviennent de chez Universal music.

Couverture : © Jacques Aubert / Getty Image / Sygma

Janvier :
3 janvier : © Jacques Aubert ;
15 janvier : © Jacques Aubert ;
23 janvier : © Ellen Von Unwerth / H&K ;
26 janvier : © Jacques Aubert

Février :
6 février : © Jacques Aubert ;
13 février : © William Sitruk ;
14 février : © William Sitruk ;
18 février : © Patrick Bertrand ;
26 février : © Jacques Aubert

Mars :
7 mars : © Jacques Aubert ;
9 mars : © Stan Wiezniak ;
16 mars : © Tony Frank

Avril :
8 avril : © Jacques Aubert ;
15 avril : © Jacques Aubert ;
23 avril : © Claude Delorme ;
29 avril : © Raymond Bounon

Mai :
4 mai : © Michel Leclercq ;
9 mai : © Jacques Aubert ;
12 mai : © Jacques Aubert ;
25 mai : © Ellen Von Unwerth / H&K

Juin :
4 juin : © Jacques Aubert ;
29 juin : © Claude Delorme

Juillet :
5 juillet : © Jacques Aubert ;
12 juillet : © Claude Delorme ;
19 juillet : © Jacques Aubert ;
28 juillet : © Stan Wiezniak

Août :
2 août : © Jacques Aubert ;
10 août : © Jacques Aubert ;
23 août : © Stan Wiezniak ;
27 août : © Jacques Aubert

Septembre :
11 septembre : © William Sitruk;
13 septembre : © Jacques Aubert ;
25 septembre : © Tony Frank ;
27 septembre : © Claude Delorme ;
30 septembre : © Claude Delorme

Octobre :
12 octobre : © Jacques Aubert ;
17 octobre : © Jacques Aubert ;
29 octobre : © Jacques Aubert

Novembre :
2 novembre : © Jacques Aubert ;
18 novembre : © Stan Wiezniak ;
22 novembre : © Ellen Von Unwerth / H&K ; 29 novembre : © Jacques Aubert

Décembre :
11 décembre : © Jacques Aubert ;
23 décembre : © Stan Wiezniak ;
26 décembre : © Stan Wiezniak ;
30 décembre : © Stan Wiezniak

Illustrations : Freepik.com

Ouvrage dirigé par Florence Pierron-Boursot
Mise en pages : Stéphanie Aguado

34-36, rue La Pérouse
75116 Paris
wwww.hugopublishing.fr

ISBN : 9782755677317
Dépôt légal : octobre 2024
Imprimé en Chine

Adulé par son public pour son charisme et sa présence scénique, Johnny Hallyday s'est imposé comme le seul vrai rocker français. Il aura marqué plusieurs générations à travers son immense répertoire et ses concerts d'anthologie. Johnny occupe une place privilégiée dans notre cœur. Au fil des années, son histoire fusionne avec notre histoire. Il y a forcément une chanson de Johnny qui nous rappelle un être aimé, un événement...

On a tous quelque chose de Johnny.

Pour toujours.

Johnny signe chez Vogue son premier contrat avec une maison de disque.

1er JANVIER 1960

8 h 48 – 17 h 00

Jour de l'an

JOHNNY
HALLYDAY

JOHNNY HALLYDAY

Johnny Hallyday rentre dans Le Petit Larousse.

2 JANVIER

1986

8 h 48 · 17 h 02

St Basile

3
JANVIER

8 h 47 — 17 h 03

Ste Geneviève

JOHNNY
HALLYDAY

2006

Johnny Hallyday signe un nouveau contrat avec la société Warner Music.

4
JANVIER

☀ 8 h 47 ☀ 17 h 04

St Odilon

JOHNNY
HALLYDAY

Comment Johnny est-il arrivé au Stade de France, en 1998, au début de ses trois concerts ?

Dans un hélicoptère, piloté par Michel Drucker.

5
JANVIER
8 h 47 17 h 05
St Édouard

JOHNNY HALLYDAY

Qui est « Le chanteur abandonné » auquel Johnny pensait lorsqu'il interprétait cette chanson ?

Claude François

6
JANVIER

8 h 47 · 17 h 06

Épiphanie • Ste Mélaine

JOHNNY HALLYDAY

Comment s'appelle
la tournée que lance
Johnny après Bercy
fin 1990 ?

a) Le Cadillac Tour
b) Le Harley Tour
c) Le Memphis Tour

7
JANVIER

8 h 46 17 h 07

St Raymond

a) Le Cadillac Tour

JOHNNY HALLYDAY

Le premier groupe de scène formé par Johnny s'appelle Les Goldens Stars pour l'Olympia de 1962.

8

JANVIER

8 h 46 07 h 08

St Lucien

JOHNNY
HALLYDAY

Qui a composé la chanson « Noir c'est noir » ?

Georges Aber a adapté en français « Black is Black » du groupe Los Bravos.

9
JANVIER

8 h 45 – 17 h 10

Ste Alix

JOHNNY HALLYDAY

Sortie de Jamais seul son 47e album enregistré à Los Angeles et co-réalisé par Mathieu Chedid et Yodelice.
10
JANVIER
2011
8h45 17h11
St Guillaume

JOHNNY
HALLYDAY

Qui est le parolier de l'album Flagrant Délit ?

Le journaliste et écrivain Philippe Labro. Il est le premier auteur à avoir écrit un album complet pour Johnny.

11

JANVIER

8 h 44 — 17 h 12

St Paulin

JOHNNY
HALLYDAY

Johnny Hallyday enregistre sa première maquette en 1958, « Je me sens si seul ». Il s'agit d'une adaptation française de Heartbreak Hotel de Mae Boren Axton et Tommy Durden.

12

JANVIER

8 h 44 17 h 14

Ste Tatiana

JOHNNY
HALLYDAY

Johnny, c'est : 57 ans de carrière. 50 albums studio. 110 millions de disques vendus. 10 Victoires de la Musique. 2500 couvertures de magazines. 40 films.

13

JANVIER

8 h 43 — 17 h 15

Ste Yvette

JOHNNY
HALLYDAY

« Gabrielle » est une adaptation, par Long Chris et Patrick Larue, du titre *The King Is Dead* (1972), de Tony Cole. Johnny la chante pour la première fois lors de son spectacle au Palais des Sports de Paris en 1976 et n'a depuis jamais quitté son tour de chant, étant de toutes les tournées et spectacles.

14

JANVIER

8 h 42 17 h 17

Ste Nina

JOHNNY
HALLYDAY

15

JANVIER

8 h 42 17 h 18

St Rémi

JOHNNY
HALLYDAY

Qui a écrit les paroles de la chanson « Je suis né dans la rue » ?

Long Chris

16

JANVIER

8 h 41 · 17 h 19

St Marcel

JOHNNY
HALLYDAY

En 2011, dans quel dessin animé Johnny prête-t-il sa voix à un personnage qui lui ressemble beaucoup ?

Titeuf, le film

17
JANVIER

8 h 40 17 h 21

Ste Roseline

JOHNNY
HALLYDAY

Le saviez-vous ?

Lorsque Fernand Bonifay écrit les paroles de la version française de « Souvenirs », il ne pense pas du tout à Johnny Hallyday. La chanson est alors destinée à une strip-teaseuse du Crazy Horse Saloon reconvertie dans la chanson, Rita Cadillac.

18

JANVIER

8 h 39 — 17 h 22

Ste Prisca

JOHNNY
HALLYDAY

Combien de chansons Michel Mallory a-t-il écrit pour Johnny ?

19
JANVIER
8 h 38 17 h 24
St Marius

JOHNNY
HALLYDAY

Johnny est n° 1 avec « Elle est terrible », sa version française de Somethin' Else d'Eddie Cochran.

20 JANVIER

1963

8 h 37 17 h 25

St Sébastien

JOHNNY HALLYDAY

Si on chantait ?
Complétez les paroles :

« Un jour viendra tu me diras «je t'aime». Du bout du... »

21
JANVIER

☀ 8 h 36 ☀ 17 h 27

Ste Agnès

...cœur

JOHNNY HALLYDAY

En 1976, Johnny enregistre un opéra rock. Vrai ou Faux ?

Vrai. Johnny enregistre une adaptation d'Hamlet de Shakespeare avec un orchestre de 150 musiciens.

22
JANVIER
8 h 35 · 17 h 29
St Vincent

JOHNNY
HALLYDAY

23
JANVIER
8 h 34 17 h 30
St Barnard

JOHNNY
HALLYDAY

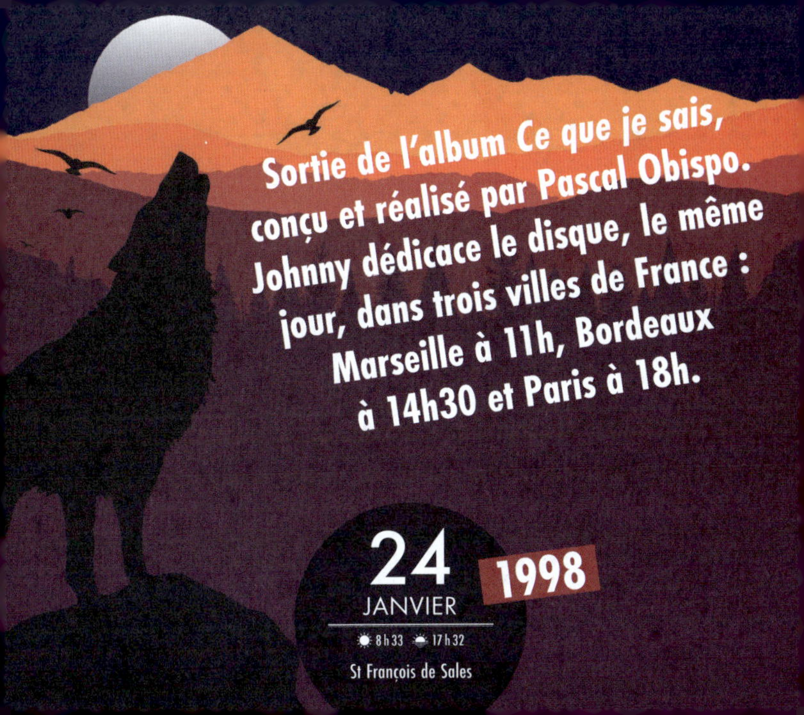

Sortie de l'album Ce que je sais, conçu et réalisé par Pascal Obispo. Johnny dédicace le disque, le même jour, dans trois villes de France : Marseille à 11h, Bordeaux à 14h30 et Paris à 18h.

24
JANVIER

1998

8h33 17h32

St François de Sales

JOHNNY
HALLYDAY

Qui n'a jamais écrit de chanson pour Johnny Hallyday ?

a) Grand Corps Malade
b) Sandrine Kiberlain
c) Catherine Lara
d) Serge Gainsbourg

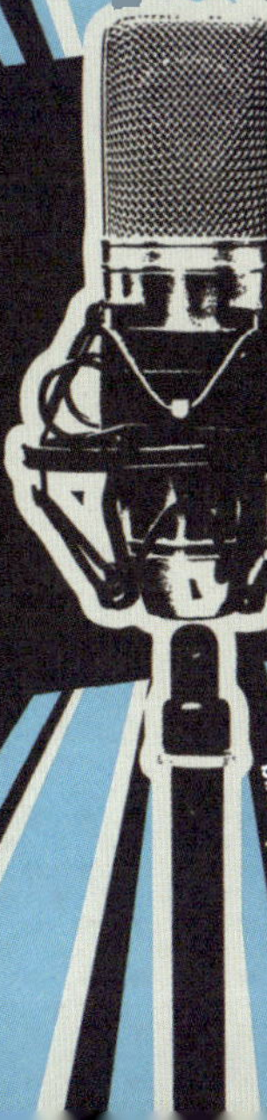

25
JANVIER

8 h 32 – 17 h 33

Conversion de St Paul

d) Serge Gainsbourg

JOHNNY
HALLYDAY

26

JANVIER

☀ 8 h 31 — 17 h 35

Ste Paule, Ste Pauline

JOHNNY
HALLYDAY

Qui a écrit la chanson « Si mon cœur », en 2008 ?

Grand Corps Malade

27

JANVIER

8 h 29 17 h 37

Ste Angèle

JOHNNY
HALLYDAY

Quel auteur à succès a écrit la chanson « T'aimer si mal » ?

L'écrivain Marc Lévy

28

JANVIER

8 h 28 17 h 38

St Thomas d'Aquin

JOHNNY
HALLYDAY

En 1962, dans le film Les Parisiennes Johnny chante « Retiens la nuit » à Catherine Deneuve.

29
JANVIER

1962

8 h 27 17 h 40

St Gildas

JOHNNY
HALLYDAY

Sortie de l'album Hollywood.

30 JANVIER 1979

8 h 26 — 17 h 41

Ste Martine

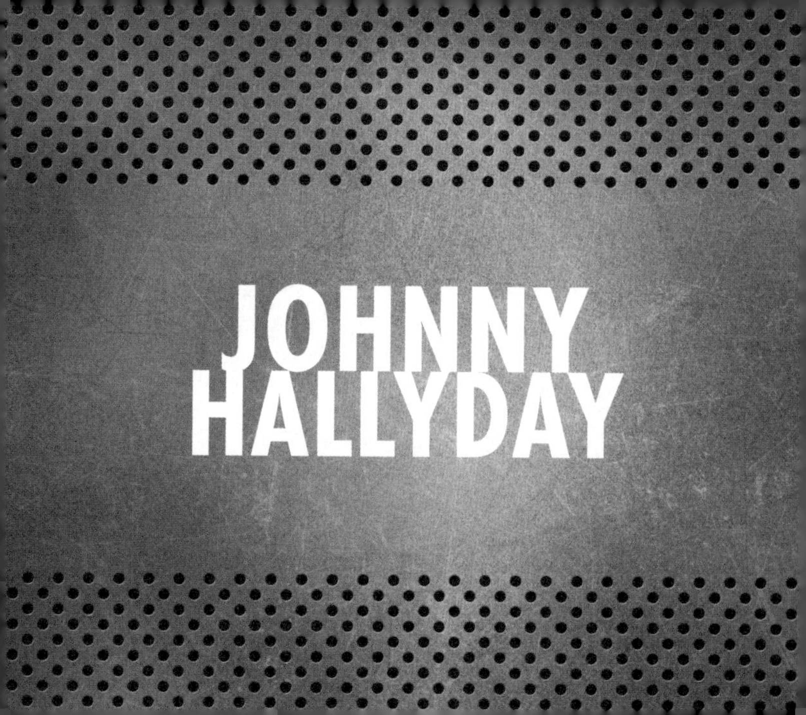
JOHNNY
HALLYDAY

Sortie de l'album
En pièces détachées.
31
JANVIER
1981
8 h 24
17 h 43
Ste Marcelle

JOHNNY
HALLYDAY

Sortie du 45 tours
« J'ai oublié de vivre »
qui sera un énorme hit.

1er
FÉVRIER

8 h 24 17 h 44

Ste Ella

1978

JOHNNY
HALLYDAY

En 1962, Johnny donne un concert de charité sur un bateau amarré dans le port de New York. Mais de quel navire s'agit-il ?

Le paquebot France, le 2 février 1962.
Jackie Kennedy était même présente.

2
FÉVRIER

8 h 22 17 h 46

Présentation du Seigneur

JOHNNY
HALLYDAY

Quel chanteur a écrit les paroles et composé la musique de « Marie » ?

Gérald de Palmas

3
FÉVRIER

8 h 21 — 17 h 48

St Blaise

JOHNNY
HALLYDAY

Lors de quel concert mythique Johnny Hallyday a-t-il livré, sur scène, un combat de boxe ?

Au Palais des Sports de Paris, en 1969.

4

FÉVRIER

8 h 19 · 17 h 49

Ste Véronique

JOHNNY
HALLYDAY

Johnny fait durer le titre « Oh ! Ma jolie Sarah » plus de six minutes, lors de son spectacle au Palais des Sports de Paris, entouré par ses choristes Madeline Bell, Doris Troy, Juanita Franklin et Nanette Workman.

5

FÉVRIER

☀ 8 h 08 ☀ 17 h 51

Ste Agathe

JOHNNY
HALLYDAY

6

FÉVRIER

8 h 16 17 h 53

St Gaston

JOHNNY
HALLYDAY

Quel chanteur-acteur a écrit les paroles et composé la musique de « Je n'ai jamais pleuré » ?

Marc Lavoine

7
FÉVRIER

8 h 15 · 07 h 54

Ste Eugénie

JOHNNY
HALLYDAY

Pourquoi Johnny Hallyday s'appelle-t-il Johnny Hallyday ?

En hommage au mari de sa cousine, le danseur Lee Halliday, mais une faute de frappe a remplacé le i par un y.

8
FÉVRIER

8 h 13 — 17 h 56

Ste Jacqueline

JOHNNY
HALLYDAY

LE SAVIEZ-VOUS ?

Au printemps 1961, Johnny interprète une chanson qui a triomphé au Festival de Sanremo *24 mila baci*, devenue en français « 24 000 baisers ». Il est propulsé en tête des hit-parades.

9

FÉVRIER

8 h 12 17 h 58

Ste Apolline

JOHNNY
HALLYDAY

Dans le film *D'où viens-tu Johnny ?*, Johnny conduit une Paloma Super Flash. Une marque française qui marquera toute une génération de jeunes rockeurs.

10

FÉVRIER

☀ 8 h 10 ☀ 17 h 59

St Arnaud

JOHNNY
HALLYDAY

LE SAVIEZ-VOUS ?

C'est la chanson « L'Idole des jeunes » qui permet à Johnny de conquérir un plus large public, surtout chez les parents de ses fans redoutant jusqu'alors le rockeur au blouson noir et les bagarres lors des concerts.

11

FÉVRIER

8 h 08 18 h 01

Notre-Dame de Lourdes

JOHNNY
HALLYDAY

Comment devait s'appeler à l'origine l'album Sang pour sang ?

a) Tel père, tel fils

b) Hallyday's

c) Nous

12

FÉVRIER

8 h 07 18 h 03

St Félix

a) Tel père, tel fils

JOHNNY
HALLYDAY

13

FÉVRIER

8h05 18h04

Ste Béatrice

JOHNNY
HALLYDAY

14

FÉVRIER

8 h 03 — 18 h 06

St Valentin

JOHNNY
HALLYDAY

Sortie du film de Guillaume Canet
Rock'n roll où Johnny Hallyday
s'amuse à jouer…
Johnny Hallyday.

15
FÉVRIER
2017

8h01 18h08

St Claude

JOHNNY
HALLYDAY

En quelle année Johnny a-t-il entamé le « Tour 66 », présenté comme sa tournée d'adieu ?

En 2009

16

FÉVRIER

8 h 00 — 18 h 09

Ste Julienne

JOHNNY
HALLYDAY

Johnny reçoit une sixième Victoire de la Musique pour le meilleur spectacle de l'année avec *Johnny à la Tour Eiffel*.

17 2001

FÉVRIER

7 h 58 18 h 11

St Alexis

JOHNNY
HALLYDAY

18

FÉVRIER

7 h 56 18 h 13

Ste Bernadette

JOHNNY
HALLYDAY

Si on chantait ?

Complétez les paroles :

« La rage en moi me rappelle que... »

19

FÉVRIER

7 h 57 — 18 h 14

St Gabin

JOHNNY
HALLYDAY

Quel artiste a composé la musique de « Mirador » ?

David Hallyday

20
FÉVRIER

☀ 7 h 52 ☁ 18 h 16

Ste Aimée

JOHNNY
HALLYDAY

Si on chantait ?

Complétez les paroles :

« Ça ne change pas un homme,
un homme ça… »

21

FÉVRIER

☀ 7 h 51 ☀ 18 h 18

St Pierre-Damien

…vieillit

JOHNNY
HALLYDAY

Le double album live Johnny se donne à Bercy sort simultanément avec une vidéo du concert.

22
FÉVRIER

1988

7 h 49 18 h 19

Ste Isabelle

JOHNNY
HALLYDAY

Sortie du film *Love me* de Laetitia Masson, avec Sandrine Kiberlain, Jean-François Stévenin.

23
FÉVRIER

2000

7 h 47 18 h 21

St Lazare

JOHNNY
HALLYDAY

Johnny participe au premier Festival International du Rock au Palais des Sports, avec Les Chaussettes Noires, Frankie Jordan et Little Tonie.

24

FÉVRIER

1961

7 h 45 18 h 22

St Modeste

JOHNNY
HALLYDAY

Février 1975 : Johnny commande une auto exceptionnelle en Angleterre. Une Panther De Ville jaune et noire, construite à 60 exemplaires, réplique de la Bugatti Royale. Pour faire plaisir à Sylvie, il demande que les sièges soient recouverts de cuir et de vison. Les initiales du chanteur sont gravées sur les enjoliveurs.

25

FÉVRIER

7 h 43 18 h 24

St Roméo

JOHNNY
HALLYDAY

26

FÉVRIER

7 h 41 18 h 26

St Nestor

JOHNNY
HALLYDAY

Sortie du coffret *Hallyday 84* réunissant l'album *Drôle de métier* et le 33 tours *Nashville 84*.

27
FÉVRIER
1984

7 h 39 – 18 h 27

Ste Honorine

JOHNNY
HALLYDAY

Quelle chanson de Johnny Hallyday débute par ces mots : « J'ai pas toujours trouvé les mots / Pour bercer tes rêves d'enfant / Ensemble on est devenu grand » ?

28

FÉVRIER

7 h 37 18 h 29

St Romain

« Sang pour sang », chanson dédiée à son fils David Hallyday, qui en a composé la musique.

JOHNNY
HALLYDAY

Mars 1976 : paru le 10 février, le single « Requiem pour un fou » se classe n° 1 en quelques jours.

1er

MARS

7 h 34 18 h 31

St Aubin

JOHNNY
HALLYDAY

Quel prénom féminin n'est pas le titre d'une chanson de Johnny Hallyday ?

a) *Marie*

b) *Gabrielle*

c) *Nathalie*

d) *Laura*

c) Nathalie - Johnny Hallyday a chanté « Gabrielle » en 1984, « Laura » en 1986, « Marie » en 2002. C'est Gilbert Bécaud qui a chanté « Nathalie », en 1964.

2
MARS

7 h 32 18 h 32

St Charles le Bon

JOHNNY
HALLYDAY

Quel chanteur a composé « Ne reviens pas » ?

Stephan Eicher

3

MARS

7 h 30 18 h 34

St Guénolé

JOHNNY
HALLYDAY

Combien d'albums studio Johnny Hallyday a-t-il enregistrés ?

57

4

MARS

7 h 28 18 h 35

St Casimir

JOHNNY
HALLYDAY

Combien de fois Johnny s'est-il marié ?

5 fois. Sylvie Vartan, Élisabeth Étienne, Adeline Blondieau (2 fois) et Laeticia Boudou.

5

MARS

7 h 26 18 h 37

Ste Olive

JOHNNY
HALLYDAY

Si on chantait ?

Complétez les paroles :

« Laisse les filles. Tu as bien le temps. D'avoir des milliers... »

...d'embêtements

6

MARS

☀ 7 h 24 ☀ 18 h 39

Ste Colette

JOHNNY
HALLYDAY

7

MARS

7 h 22 18 h 40

Ste Félicité

JOHNNY
HALLYDAY

Combien de chansons de son répertoire Johnny a-t-il composé lui-même ?

8

MARS

7 h 20 18 h 42

St Jean de Dieu

JOHNNY
HALLYDAY

9

MARS

☀ 7 h 18 ☀ 18 h 43

Ste Françoise

JOHNNY
HALLYDAY

Émission spéciale *Les Enfants du rock* consacré à Johnny Hallyday enregistré à Nashville et présentée par Antoine De Caunes. Participent à l'émission : Emmylou Harris, Don Everly (du duo Everly Brothers), Carl Perkins, Tony Joe White et les Stray Cats.

10
MARS

1984

☀ 7 h 16 ☀ 18 h 45

St Vivien

JOHNNY
HALLYDAY

Victoire de la Musique : Sang pour sang est élu album de l'année.

11
MARS

7 h 14 — 18 h 46

Ste Rosine

2000

JOHNNY
HALLYDAY

En 2001, Christian Audigier offre à Johnny une Harley V rod noir mat.

12
MARS

7 h 11 18 h 48

Ste Justine

JOHNNY
HALLYDAY

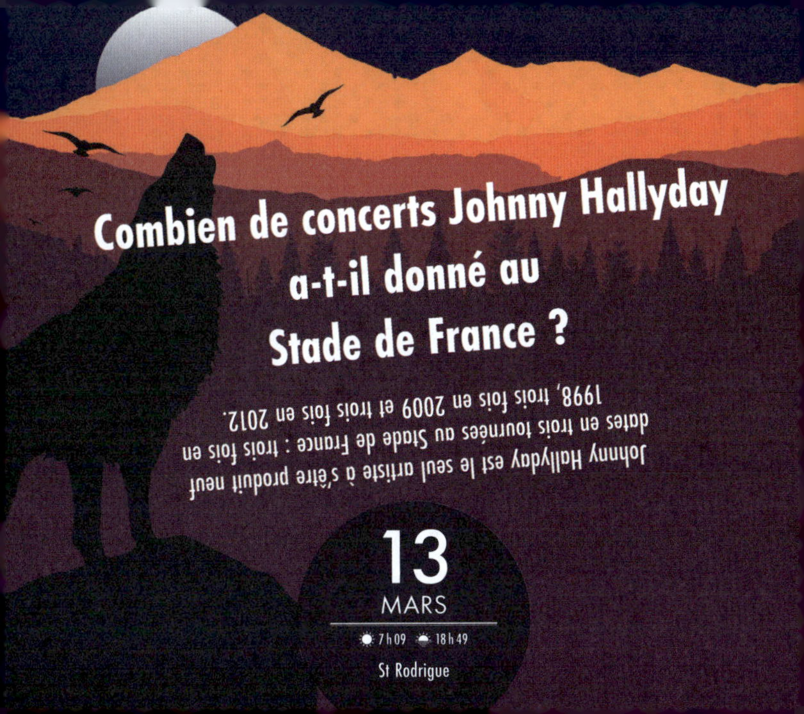

Combien de concerts Johnny Hallyday a-t-il donné au Stade de France ?

Johnny Hallyday est le seul artiste à s'être produit neuf dates en trois tournées au Stade de France : trois fois en 1998, trois fois en 2009 et trois fois en 2012.

13
MARS

7 h 09 — 18 h 49

St Rodrigue

JOHNNY
HALLYDAY

Vogue édite le premier disque de Johnny *T'aimer follement*. À partir de cette date historique, en moins d'un an, il va devenir la vedette n° 1 du rock'n'roll français.

14
MARS

7 h 07 18 h 51

Ste Mathilde

1960

JOHNNY
HALLYDAY

Olympia triomphal avec des hits
comme « Noir c'est noir », « Hey Joe »,
« Je suis seul ». Johnny est accompagné
par les Blackburds, emmenés par
le guitariste Micky Jones et le batteur Tommy
Brown. Final mythique
en duo avec Sylvie Vartan qui assure
la première partie du concert.

15
MARS

7 h 05 18 h 53

Ste Louise

1967

JOHNNY
HALLYDAY

16
MARS

7 h 03 18 h 54

Ste Bénédicte

JOHNNY
HALLYDAY

Trouvez de quelle chanson sont extraites ces paroles : « Et même si c'est pas vrai, si on te l'a trop fait / Si les mots sont usés, comme écrits à la craie / On fait bien des grands feux en frottant des cailloux ».

17
MARS

7h01 18h56

St Patrick

« Je te promets », écrite par Jean-Jacques Goldman et parue sur l'album Gang, en 1986.

JOHNNY HALLYDAY

Publication de « Prends ma vie » premier single de l'album Je t'aime je t'aime je t'aime enregistré avec les grands orgues de la basilique del Sacro Cuore Immacolato di Maria à Rome réalisé par Jean Renard.

18
MARS

6 h 59 · 18 h 57

St Cyrille

1974

JOHNNY
HALLYDAY

Sortie du film de Costa-Gavras *Conseil de famille* où Johnny figure aux cotés de Fanny Ardant et Guy Marchand.

19
MARS

1986

6 h 57 — 18 h 59

St Joseph

JOHNNY
HALLYDAY

Comment devait s'appeler à l'origine l'album Mon pays, c'est l'amour ?

a) Je te promets
b) À la vie, à l'amour
c) La Révérence

20
MARS

6 h 55 19 h 00

Printemps • St Herbert

a) Je te promets

JOHNNY
HALLYDAY

Quel chanteur a écrit « L'attente » ?

Christophe Miossec

21

MARS

6 h 53 19 h 02

Ste Clémence

JOHNNY
HALLYDAY

À quel chanteur Jean-Jacques Goldman a-t-il proposé en premier la chanson « L'envie » ?

Michel Sardou

22

MARS

6 h 51 — 19 h 03

Ste Léa

JOHNNY
HALLYDAY

1964 : l'idole des jeunes est toujours sous les drapeaux. Le sergent Smet a besoin d'une automobile pour se déplacer de Offenburg, son camp de base, à Baden-Baden, ville très festive le week-end. Il achète une Porsche 356 B.

23

MARS

☀ 6 h 48 ☀ 19 h 05

St Victorien

JOHNNY
HALLYDAY

Dans quelle série télévisée Johnny Hallyday a-t-il chanté le générique ?

24

MARS

6 h 46 19 h 06

Ste Catherine de Suède

Les Chevaliers du Ciel, diffusée de 1967 à 1970, sur les chaînes de l'ORTF.

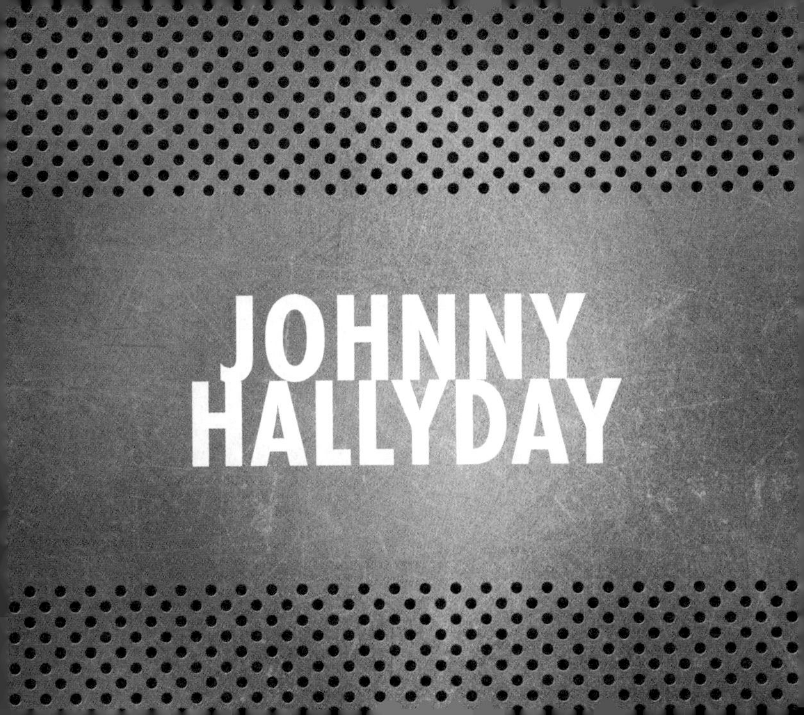
JOHNNY
HALLYDAY

Johnny Hallyday et Laeticia se marient à Neuilly-sur-Seine.

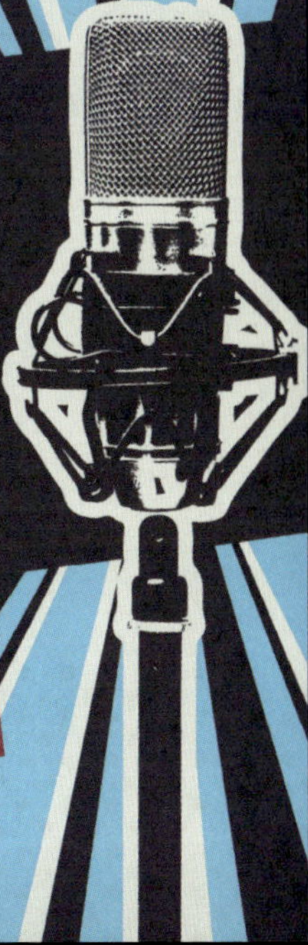

25
MARS
1996

6h44 19h08

St Humbert

JOHNNY
HALLYDAY

LE SAVIEZ-VOUS ?

Johnny enregistre le titre « Tes tendres années » à Nashville en février 1962, en anglais. Cette version sortira uniquement en 45 tours aux Pays-Bas.

26

MARS

☀ 6 h 42 ☀ 19 h 09

Ste Larissa

JOHNNY
HALLYDAY

Quelle est la première chanson de Johnny disque d'or ?

« Let's Twist Again » s'est vendu à plus d'un million d'exemplaires.

27
MARS

6 h 40 — 19 h 11

St Habib

JOHNNY
HALLYDAY

Printemps 1965 : Johnny roule de nouveau en Buick, sa marque américaine préférée. Il craque sur une Riviera coupé de la gamme Elektra 225.

C'est dans sa belle Buick Riviera 225 que Johnny emmènera Sylvie jusqu'à l'église de Loconville pour célébrer leur mariage, le 12 avril 1965.

28

MARS

6 h 38 · 19 h 12

St Gontran

JOHNNY
HALLYDAY

LE SAVIEZ-VOUS ?

L'adaptation française de « Da dou ron ron » (chanson créée par The Chrystals) a fait l'objet d'une vive bataille entre Frank Alamo et Johnny Hallyday. Les deux chanteurs avaient enregistré cette adaptation quasi en même temps, ce qui a bien failli provoquer une violente bagarre entre eux !

29
MARS

6 h 36 19 h 14

Ste Gladys

JOHNNY
HALLYDAY

Quel est le nom du 25e album studio de Johnny ?

a) Nashville

b) Memphis

c) Hollywood

30

MARS

6 h 34 19 h 15

St Amédée

c) Hollywood

JOHNNY
HALLYDAY

En 1966, Johnny craque pour le charme discret et élégant des voitures anglaises. Il s'offre une des plus belles autos de la production anglaise : l'Aston Martin DB 6 Coupé 2+2. C'est dans sa nouvelle Aston Martin que Johnny emmène Bob Dylan faire le tour de Paris.

31

MARS

6 h 32 19 h 17

St Benjamin

JOHNNY
HALLYDAY

Johnny a enregistré plus de 1 000 chansons au cours de sa carrière. Vrai ou faux ?

1er
AVRIL

7 h 30 – 20 h 18

St Hugues

Vrai

JOHNNY
HALLYDAY

Avril 1962 : premier Disque d'Or pour « Viens danser le twist » (*Let's Twist Again*). Sortie d'un album en anglais, enregistré à Nashville et baptisé *Johnny Hallyday Sings America's Rockin' Hits*.

2

AVRIL

7 h 28 — 20 h 19

Ste Sandrine

JOHNNY
HALLYDAY

« J'ai un problème » est une chanson interprétée en duo par Sylvie Vartan et Johnny en 1973. Jean Renard, directeur artistique du chanteur, a bataillé durant plusieurs semaines pour convaincre le couple, peu séduit à l'idée de céder à la mode des duos. Le titre s'écoule à plus de 700 000 exemplaires en France.

3
AVRIL

7 h 26 20 h 21

St Richard

JOHNNY
HALLYDAY

Qui a écrit les paroles de « Allumer le feu », « C'est la vie qui veut ça » et « Plus près de vous » ?

Zazie

4

AVRIL

7 h 23 — 20 h 22

St Isidore

JOHNNY
HALLYDAY

Dans quelle ville les parents de Johnny se sont-ils rencontrés ?

a) Bruxelles

b) Lyon

c) Paris

5

AVRIL

7 h 21 — 20 h 24

Ste Irène

c) Paris

JOHNNY
HALLYDAY

Les 40 ans de carrière de l'artiste sont célébrés par sa maison de disques sous la forme de 40 albums studio réédités tout au long de l'année.

6

AVRIL

7 h 19 20 h 25

St Marcellin

2000

JOHNNY
HALLYDAY

Quelle est le nom de l'association de Laeticia qui vient en aide aux enfants au Viêtnam ?
La Bonne Étoile
7
AVRIL
7 h 17 20 h 27
St Jean-Baptiste de La Salle

JOHNNY
HALLYDAY

8

AVRIL

☀ 7 h 15 ☀ 20 h 28

Ste Julie

JOHNNY
HALLYDAY

Où Johnny et Sylvie sont-ils partis en lune de miel après leur mariage ?

Aux Canaries

9

AVRIL

7 h 13 20 h 30

St Gauthier

JOHNNY
HALLYDAY

LE SAVIEZ-VOUS ?

Jean-Jacques Debout a écrit et composé la chanson « Pour moi la vie va commencer » en une nuit sur le piano de l'hôtel de France, à Castelnaudary. Afin de ne pas déranger les clients de l'hôtel, Jean-Jacques réquisitionne le peignoir en éponge de Johnny, des serviettes de bain et les place sur les cordes afin d'étouffer le son.

10

AVRIL

☀ 7 h 11 ☀ 20 h 31

St Fulbert

JOHNNY
HALLYDAY

Dans quelle ville Johnny et Babeth se sont-ils mariés ?

11

AVRIL

7 h 09 20 h 33

St Stanislas

Los Angeles

JOHNNY
HALLYDAY

Mariage très médiatique avec Sylvie Vartan.

12
AVRIL

☀ 7 h 07 ☀ 20 h 34

St Jules

1965

JOHNNY
HALLYDAY

Johnny reçoit son premier Disque d'Or pour « Let's Twist Again ». Il déclare alors : « Moi, le fanatisme, ça ne m'intéresse plus. Je veux chanter des chansons agréables et intelligentes. »

13
AVRIL

1962

7 h 05 20 h 36

Ste Ida

JOHNNY
HALLYDAY

LE SAVIEZ-VOUS ?

Johnny a enregistré « Le Pénitencier » pendant son service militaire, lors d'une permission. Il apparaît d'ailleurs en tenue militaire sur la pochette du 45 tours lors de sa sortie à l'été 1964.

14

AVRIL

7 h 03 — 20 h 37

St Maxime

JOHNNY
HALLYDAY

15

AVRIL

7 h 01 20 h 39

St Paterne

JOHNNY
HALLYDAY

Johnny épouse une seconde fois Adeline Blondieau à Las Vegas.

16
AVRIL

6 h 59 20 h 40

St Benoît-Joseph

1994

JOHNNY
HALLYDAY

Quel en est le titre du premier 45 tours de Johnny ?

« T'aimer follement » sorti en mars 1960. C'est l'adaptation française de Makin' Love de Floyd Robinson.

17

AVRIL

☀ 6 h 57 ☀ 20 h 42

St Anicet

JOHNNY
HALLYDAY

Dans l'émission télévisée *À l'école des vedettes*, Line Renaud présente Johnny Hallyday. Il n'a pas encore 17 ans et se lance dans un frénétique « Laisse les filles ».

18
AVRIL

6 h 56 — 20 h 43

St Parfait

1960

JOHNNY
HALLYDAY

Johnny a eu plus de 4 000 conquêtes féminines.
Vrai ou faux ?

Selon ses amis, c'est vrai.

19
AVRIL

6 h 54 · 20 h 45

Ste Emma

JOHNNY
HALLYDAY

LE SAVIEZ-VOUS ?

Dans « Quand revient la nuit », Johnny évoque sa situation de soldat, séparé de celle qu'il aime, Sylvie Vartan. Toute une génération se reconnaît alors dans ce couple emblématique.

20

AVRIL

6 h 52 · 20 h 46

Pâques • Ste Odette

JOHNNY
HALLYDAY

Combien de Victoires de la musique Johnny Hallyday a-t-il remporté, toutes catégories confondues ?

10. C'est le deuxième artiste français le plus récompensé aux Victoires de la musique, derrière Alain Bashung.

21
AVRIL

6 h 50 · 20 h 48

Lundi de Pâques • St Anselme

JOHNNY
HALLYDAY

Johnny a eu une histoire d'amour avec une célèbre danseuse du Crazy Horse.

Vrai ou faux ?

Vrai. Il s'agit de la danseuse Rosa Fumetto.

22

AVRIL

6 h 48 20 h 49

St Alexandre

JOHNNY
HALLYDAY

Sur le plateau de quelle émission Johnny et Nathalie Baye se sont-ils rencontrés ?

Formule 1 de Maritie et Gilbert Carpentier

23
AVRIL

6 h 46 — 20 h 51

St Georges

1982

JOHNNY
HALLYDAY

LE SAVIEZ-VOUS ?

En 1966, le chanteur Antoine dans ses « Elucubrations », veut « mettre Johnny en cage à *Medrano* »… Johnny, très énervé, décide de lui répondre et fait adapter librement *My crucified Jesus*… qui devient « Cheveux longs et idées courtes ». La rivalité entre les deux chanteurs a donné lieu à un immense tube !

24

AVRIL

6 h 44 20 h 52

St Fidèle

JOHNNY
HALLYDAY

Parution du single « On me recherche » avec le titre polémique « Jésus Christ » dû à la plume du journaliste Philippe Labro.

25
AVRIL

☀ 6 h 43 ☀ 20 h 53

St Marc

1970

JOHNNY
HALLYDAY

Nouveau spectacle au Palais des Sports de Paris avec une proposition scénique impressionnante : 5 scènes, 4 passerelles, 1 double écran, 2 ballons sonde, 17 musiciens, 12 cascadeurs, 26 danseurs et 1 ring de boxe…

26

AVRIL

6 h 41 20 h 55

Ste Alida

1969

JOHNNY
HALLYDAY

LE SAVIEZ-VOUS ?

En avril 1971, le 45 tours «*Oh ! Ma jolie Sarah*» a été édité deux fois lors de sa sortie. Effectivement, sur la première pochette, une faute d'orthographe s'était glissée sur le titre de la face B… lui donnant aujourd'hui une valeur inestimable pour les collectionneurs !

27
AVRIL

6 h 39 20 h 56

Ste Zita

JOHNNY
HALLYDAY

Quel est le surnom que Laeticia a donné à Johnny ?

28

AVRIL

☀ 6 h 37 ☀ 20 h 58

Ste Valérie

Mamour

JOHNNY HALLYDAY

29
AVRIL

6 h 36 20 h 59

Ste Catherine de Sienne

JOHNNY
HALLYDAY

Sortie du nouveau disque de Johnny avec les textes de Philippe Labro. Le titre « Jésus-Christ (est un hippie) » est bientôt censuré par l'ORTF, ce qui ne l'empêche pas d'être n° 1 des ventes.

30

AVRIL

1970

6 h 34 — 21 h 01

St Robert

JOHNNY
HALLYDAY

Le n° 148 de Rock & Folk fait sa couverture avec Johnny Hallyday et cette manchette : « La dernière idole ».

1er MAI 1979

6 h 32 · 21 h 02

Fête du travail • St Jérémy

JOHNNY
HALLYDAY

Combien de chansons trouve-t-on dans le répertoire de Johnny ?

Plus de 960 titres. Si on comptabilise les versions alternatives et les versions enregistrées en langue étrangère, c'est plus de 1 150 titres.

2
MAI

☀ 6 h 31 ☀ 21 h 04

St Boris

JOHNNY
HALLYDAY

« Quelque chose de Tennessee » est, après « La musique que j'aime », la chanson que Johnny a le plus souvent chantée en duo. Il l'a interprétée 28 fois en duo avec 25 interprètes différents.

3
MAI

6 h 29 · 21 h 05

St Philippe

JOHNNY
HALLYDAY

4

MAI

☀ 6 h 27 ☀ 21 h 07

St Sylvain

JOHNNY
HALLYDAY

LE SAVIEZ-VOUS ?

En septembre 1966, Johnny enregistre « Noir c'est noir » comme pour exorciser une période difficile. À 23 ans, le chanteur est en pleine dépression et tente de mettre fin à ses jours. Sauvé in extremis, sa maison de disques Philips publie le 45 tours... Johnny est de nouveau propulsé en tête des hit-parades.

5

MAI

6 h 26 — 21 h 08

Ste Judith

JOHNNY
HALLYDAY

Sortie de l'album *Au bandeau*, dont le titre exact est *Rivière… ouvre ton lit*. Johnny y déploie un blues rock fascinant, résumé par des titres comme « Voyage au pays des vivants » ou « Je suis né dans la rue ».

6
MAI

6 h 24 21 h 09

Ste Prudence

1969

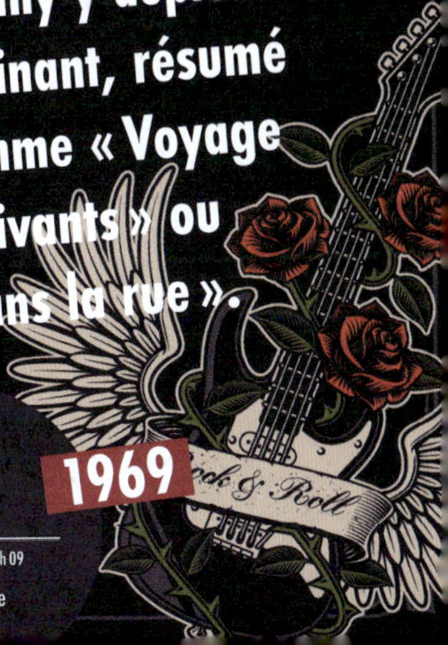

JOHNNY
HALLYDAY

1969 : Johnny s'offre une moto sur-mesure, une Harley Electra Glide équipée du nouveau moteur Shovelhead de 1200 cm^3.

7
MAI
6h23 21h11
Ste Gisèle

JOHNNY
HALLYDAY

Johnny zozotait lorsqu'il était très fatigué.

Vrai ou faux ?

Vrai. Enfant, il s'était brûlé la langue en gouttant des paillettes de cristaux de soude caustique !

8

MAI

6 h 21 · 21 h 12

Victoire 1945 • St Désiré

JOHNNY
HALLYDAY

9

MAI

6 h 20 · 21 h 14

St Pacôme

JOHNNY
HALLYDAY

Quel tube Johnny Hallyday a-t-il chanté avant que son auteur-compositeur connaisse le succès avec ?

« Je ne suis pas un héros » de Daniel Balavoine.

10
MAI

6 h 18 21 h 15

Ste Solange

JOHNNY
HALLYDAY

Avec qui Johnny Hallyday a-t-il le plus chanté en duo ?

Eddy Mitchell. Johnny et lui ont chanté plus de 100 fois en duo.

11
MAI

6 h 17 — 21 h 16

Ste Estelle

JOHNNY
HALLYDAY

12
MAI
6 h 15 21 h 18
St Achille

JOHNNY
HALLYDAY

Comment s'appelle la villa du chanteur à Saint-Barth ?

a) Villa 66

b) Villa Laeticia

c) Jade

13

MAI

6 h 14 21 h 19

Ste Rolande

C. Le prénom de sa deuxième fille.

JOHNNY
HALLYDAY

Dans quel célèbre restaurant parisien Johnny a-t-il fêté la naissance de sa fille Laura en 1983 ?

La Tour d'Argent

14
MAI

6 h 13 21 h 20

St Matthias

JOHNNY HALLYDAY

Sous la direction de Laurent Firode, Johnny tourne *Quartier VIP*, avec Pascal Legitimus, Jean-Claude Brialy et François Berléand.

15 MAI 2004

6 h 11 · 21 h 22

Ste Denise

JOHNNY
HALLYDAY

LE SAVIEZ-VOUS ?

La chanson « Que je t'aime » est restée plusieurs mois dans le tiroir de l'auteur Gilles Thibaut. C'est à l'occasion d'une émission de Maritie et Gilbert Carpentier que la chanson va exister. Le titre finit par sortir en 45 tours et sera vendu à un million cinq cent mille exemplaires en six mois !

16

MAI

6 h 10 21 h 23

St Honoré

JOHNNY
HALLYDAY

Quel est le coéquipier de Johnny lors du rallye Paris-Dakar 2002 ?

a) René Metge

b) Hubert Auriol

c) Ari Vatanen

17
MAI

6 h 09 — 21 h 24

St Pascal

a) René Metge

JOHNNY
HALLYDAY

LE SAVIEZ-VOUS ?

Philippe Labro adapte *Fortunate Son*, qui devient « Fils de personne ». À l'origine, cette chanson est un hymne pacifiste en pleine guerre du Viêtnam. Labro décide de prendre le contre-pied et dénonce les injustices sociales. Ce titre restera classé n° 1 durant douze semaines. Un standard du répertoire de Johnny.

18

MAI

6 h 08 21 h 26

St Éric

JOHNNY
HALLYDAY

L'aventure c'est l'aventure le film de Claude Lelouch fait l'ouverture du Festival de Cannes. Johnny Hallyday joue son propre rôle et interprète la chanson du générique.

19

MAI

6 h 07 21 h 27

St Yves

1972

JOHNNY
HALLYDAY

En 1971, Johnny part s'installer à Londres pour enregistrer son album *Flagrant Délit*. Il se fait expédier sa Harley-Davidson 1200 Electra Glide, sur laquelle il roulera dans la capitale anglaise.

20
MAI

6 h 05 21 h 28

St Bernardin

JOHNNY
HALLYDAY

En plein Rock Revival, Johnny célèbre à sa manière les dix ans (onze, en fait), de l'album *Les rocks les plus terribles*. Le nouvel opus enregistré à Memphis s'intitule *Rock à Memphis* et contient des standards indispensables comme « Ma chérie c'est moi », « La fille de l'été dernier » ou « Dégage », qui sera un des moments explosifs du Palais des Sports 1976.

21
MAI

1975

6 h 04 · 21 h 29

St Constantin

JOHNNY
HALLYDAY

Sur quelle scène parisienne Johnny s'est-il le plus produit ?

L'Olympia. Johnny s'y est produit 266 fois.

22

MAI

☀ 6 h 03 ☀ 21 h 30

St Émile

JOHNNY
HALLYDAY

Si on chantait ?
Complétez les paroles :

« Et puis je sais tout ce que j'aurais pu faire. À défaut de me taire. Quand j'approchais... »

23
MAI

6 h 02 21 h 32

St Didier

...l'enfer

JOHNNY
HALLYDAY

Quel célèbre artiste américain a fait plusieurs fois la première partie pour Johnny Hallyday ?

24
MAI

6 h 01 — 21 h 33

St Donatien

Jimi Hendrix

JOHNNY
HALLYDAY

25

MAI

6 h 00 21 h 34

Fête des mères • Ste Sophie

JOHNNY
HALLYDAY

Le grand-père maternel de Johnny était un soldat américain.

Vrai ou faux ?

26

MAI

6 h 00 · 21 h 35

St Bérenger

Vrai

JOHNNY
HALLYDAY

Selon les proches de Johnny, sa moto préférée était la Harley Davidson Softail Springer.

27
MAI

☀ 5 h 59 ☀ 21 h 36

St Hildebert

JOHNNY
HALLYDAY

Le père de Johnny, Léon Smet, était artiste de cabaret ?

Vrai ou faux ?

Vrai. Il a commencé sa carrière à l'âge de 14 ans

28

MAI

5 h 58 21 h 37

St Germain

JOHNNY
HALLYDAY

Sortie de l'album *Je t'aime, je t'aime, je t'aime*, un titre qui devient le tube de l'été lorsqu'il sort en single.

29
MAI

☀ 5 h 57 ☀ 21 h 38

Ascension • St Aymard

1974

JOHNNY
HALLYDAY

Le *Tour 66* s'arrête au Stade de France.
Le 30 et 31 mai, David Hallyday accompagne son père à la batterie sur « Allumer le feu » et chante « Sang pour sang » en duo avec lui. Sylvie Vartan et Johnny chantent ensemble « Le bon temps du rock'n'roll ».

30

MAI

5 h 56 21 h 39

St Ferdinand

JOHNNY
HALLYDAY

Quel titre de Johnny est resté le plus longtemps numéro 1 au hit-parade ?

« Que je t'aime » est resté 11 semaines numéro 1.

31
MAI

5 h 56 21 h 40

Visitation

JOHNNY
HALLYDAY

De quel standard américain la chanson « Les Coups » est-elle une reprise ?

Uptight, de Stevie Wonder.

1er

JUIN

5 h 55 — 21 h 41

St Justin

JOHNNY
HALLYDAY

Quel est le signe astrologique de Johnny ?

Gémeaux ascendant Vierge

2
JUIN

5 h 54 · 21 h 42

Ste Blandine

JOHNNY
HALLYDAY

Parution de *Cadillac* :
le nouvel album réalisé
par Étienne Roda-Gil.

3
JUIN

5 h 54 — 21 h 43

St Kevin

1989

JOHNNY
HALLYDAY

4

JUIN

5 h 53 21 h 44

Ste Clotilde

JOHNNY
HALLYDAY

Sur quelle scène Johnny a-t-il fêté ses 70 ans ?

a) Le Palais des Sports

b) L'Olympia

c) Le palais omnisport de Paris-Bercy

c) Le palais omnisport de Paris-Bercy

5
JUIN

5 h 53 — 21 h 45

St Igor

JOHNNY
HALLYDAY

Comment Johnny arrive-t-il sur scène lors de ses concerts au Parc des Princes, en 1993 ?

a) En marchant

b) En Jeep

c) En Harley

6
JUIN

5 h 52 — 21 h 46

St Norbert

1993

a) En marchant

JOHNNY
HALLYDAY

Sortie du giga tube de l'été « J'ai un problème », que l'artiste enregistre en duo avec Sylvie Vartan.

7
JUIN

1973

☀ 5 h 52 ☀ 21 h 46

St Gilbert

JOHNNY
HALLYDAY

Sortie de l'album
Flagrant délit, qui contient
les hits « Fils de personne »,
« Boire à la source »,
« Oh ! Ma jolie Sarah ».

8
JUIN
1971

☀ 5 h 52 ☀ 21 h 47

Pentecôte • St Médard

JOHNNY
HALLYDAY

Si on chantait ?
Complétez les paroles :

« Quand tu pleureras.
Dis-toi bien que tu vivais... »

9
JUIN

5 h 51 21 h 48

Lundi de Pentecôte
Ste Diane

JOHNNY
HALLYDAY

Une foule innombrable, sans doute plus de 500 000 spectateurs, assiste à un concert gratuit donné au pied de la Tour Eiffel. Le show est suivi en direct sur TF1 par plus de 8 millions de téléspectateurs.

10
JUIN

5 h 51 · 21 h 48

St Landry

2000

JOHNNY
HALLYDAY

Qui a chanté
***Black is black*,**
la version originale
du tube
« Noir c'est noir » ?

Los Bravos

11 JUIN

5 h 51 — 21 h 49

St Barnabé

1993

JOHNNY
HALLYDAY

Avec qui Johnny est-il déjà copain lorsqu'il avait 14-15 ans ?

Eddy Mitchell et Jacques Dutronc

12
JUIN

5 h 51 21 h 50

St Guy

JOHNNY
HALLYDAY

Johnny Hallyday a été numéro 1 au hit-parade français cinq ans avant que les Beatles ne le soient.

Vrai ou faux ?

Vrai

13
JUIN

5 h 51 21 h 50

St Antoine de Padoue

JOHNNY
HALLYDAY

10 et 11, puis 14 et 15 juin 2003 : récital « des 60 ans » au Parc des Princes, adossé à une gigantesque « tournée des stades ».

14

JUIN

☀ 5 h 51 ☀ 21 h 51

St Élisée

JOHNNY
HALLYDAY

C'est le jour de ses 19 ans, le 15 juin 1962, que Johnny fait la couverture du numéro 1 d'une nouvelle revue baptisée *Salut les Copains.*

15
JUIN

5 h 51 21 h 51

Fête des pères
Ste Germaine

JOHNNY
HALLYDAY

Quel âge avait Laeticia quand elle s'est mariée avec Johnny ?

Laeticia avait 21 ans, Johnny 52

16
JUIN

☀ 5 h 51 ☀ 21 h 52

St Jean-François Régis

JOHNNY
HALLYDAY

Première d'une série de
42 concerts sold out à
l'Olympia où il ne s'était
pas produit depuis 1973.

17
JUIN

5 h 51 21 h 52

St Hervé

2000

JOHNNY
HALLYDAY

Qui a écrit les paroles de « Retiens la nuit » ?

Charles Aznavour

18

JUIN

5 h 51 21 h 52

St Léonce

JOHNNY
HALLYDAY

Sortie de l'album *Lorada* en partie supervisé par Jean-Jacques Goldman.

19
JUIN
1995

5 h 51 21 h 53

St Romuald

JOHNNY
HALLYDAY

18 au 20 juin 1993 : trois soirées historiques au Parc des Princes de Paris pour les 50 ans du chanteur, avec une collection prestigieuse d'invités et un spectacle fleuve de trois heures.

20

JUIN

5 h 51 21 h 53

St Silvère

JOHNNY
HALLYDAY

Sortie de l'album
Solitudes à deux.

21
JUIN

5 h 51 21 h 53

Été • St Rodolphe

1978

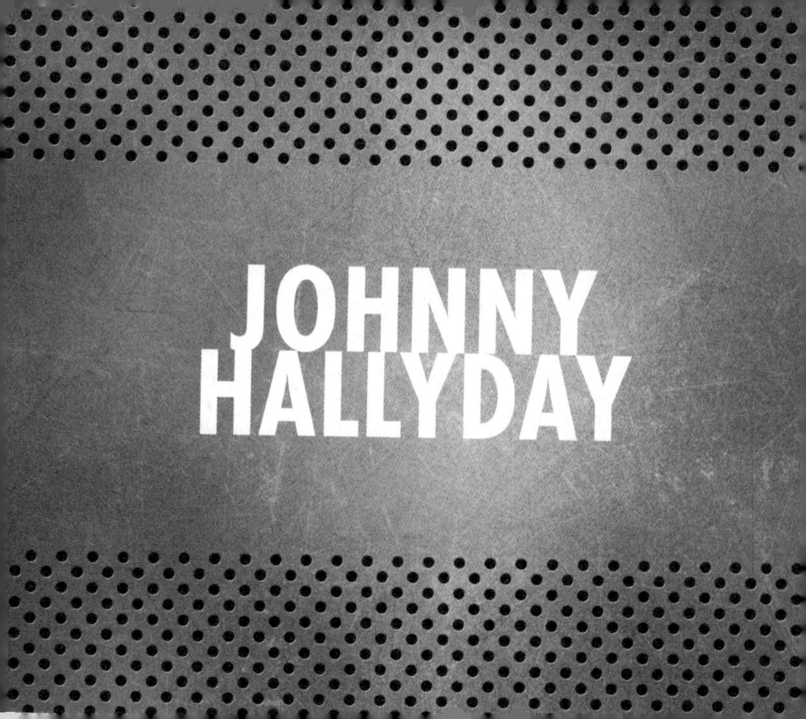
JOHNNY
HALLYDAY

Qui est « Mamie Rock » ?

a) La mère de Johnny
b) La marraine de Johnny
c) La grand-mère de Laeticia

22
JUIN
5 h 52 21 h 53
St Alban

c) C'est Johnny qui l'avait surnommée ainsi pour son franc-parler.

JOHNNY
HALLYDAY

LE SAVIEZ-VOUS ?

En juin 1993, au Parc des Princes, Johnny interprète « Oh ! Ma jolie Sarah », accompagné par son fils David à la batterie.

23

JUIN

5 h 52 21 h 53

Ste Audrey

JOHNNY
HALLYDAY

Les 15, 16 et 17 juin 2012 : Johnny fête son anniversaire au Stade de France avec le public. Il devient l'artiste ayant donné le plus de concert dans cette enceinte.

24

JUIN

☀ 5 h 52 ☀ 21 h 53

St Jean-Baptiste

JOHNNY HALLYDAY

Sortie de l'album
À partir de maintenant.

25
JUIN

1980

5 h 53 – 21 h 53

St Prosper

JOHNNY
HALLYDAY

Sortie de l'album *Rock'n'roll attitude* écrit, composé et réalisé par Michel Berger où l'on retrouve : « Quelque chose de Tennessee », « Aimer vivre », « Le chanteur abandonné »...

26
JUIN
5 h 53 21 h 53
St Anthelme

1985

JOHNNY
HALLYDAY

Johnny est enterré au cimetière de Lorient, en Bretagne.

Vrai ou faux ?

Faux. Le cimetière de Lorient est situé à Saint-Barthélemy, aux Antilles.

27
JUIN

☀ 5 h 54 ☀ 21 h 53

St Fernand

JOHNNY
HALLYDAY

Sortie de l'album *Country Folk Rock* qui annonce, aux côtés de Johnny, la prééminence du parolier/chanteur/harmoniciste Michel Mallory.

28
JUIN
1972

5 h 54 – 21 h 53

St Irénée

JOHNNY
HALLYDAY

29

JUIN

5 h 55 — 21 h 53

St Pierre, St Paul

JOHNNY
HALLYDAY

Sortie de l'album *Derrière l'amour*. Succès de vente massif grâce notamment aux hits : « Derrière l'amour », « Requiem pour un fou », « Gabrielle »...

30
JUIN

☀ 5 h 55 ☀ 21 h 53

St Martial

1976

JOHNNY
HALLYDAY

Quelle est le nom de la dernière Rolls Royce de Johnny ?

Une Rolls Royce Drophead

1er
JUILLET

5 h 56 — 21 h 53

St Thierry

JOHNNY
HALLYDAY

Johnny Hallyday démarre la tournée de *Rester Vivant Tour* à Nîmes durant laquelle il se produit 90 fois jusqu'en juillet 2016.

2

JUILLET

5 h 56 21 h 52

St Martinien

2015

JOHNNY
HALLYDAY

Johnny a remporté le César du meilleur acteur en 1985 pour le film *Détective*.

Vrai ou faux ?

Faux, Johnny n'a jamais remporté de César.

3
JUILLET

5 h 57 — 21 h 52

St Thomas

JOHNNY
HALLYDAY

Si on chantait ?
Complétez les paroles :
« Les portes du pénitencier, bientôt vont se fermer et... »

4
JUILLET
5 h 58 21 h 52
St Florent

JOHNNY
HALLYDAY

5

JUILLET

☀ 5 h 59 ☁ 21 h 51

St Antoine

JOHNNY
HALLYDAY

Comment s'appelle la moto sur laquelle Johnny apparaît lors du concert au Parc des Princes, à l'occasion de ses cinquante ans ?

a) « *Laura Eyes* »

b) « *Laeticia Eyes* »

c) « *Blue Eyes* »

a) Sur une base de Softail Heritage, cette moto a la couleur des yeux de Laura.

6

JUILLET

6 h 00 · 21 h 51

Ste Mariette

JOHNNY
HALLYDAY

De quel film s'inspire Johnny pour créer son spectacle au Palais des Sports de Paris, en 1982 ?

a) Indiana Jones

b) Mad Max

c) La Guerre des étoiles

b) Mad Max

7

JUILLET

☀ 6 h 00 ☀ 21 h 50

St Raoul

JOHNNY
HALLYDAY

En quelle année est sortie la chanson « Allumer le feu » ?

1998

8

JUILLET

6 h 01 — 21 h 50

St Thibault

JOHNNY
HALLYDAY

Johnny épouse
Adeline Blondieau,
la fille de Long Chris.

9
JUILLET
6 h 02 21 h 49
Ste Amandine

1990

JOHNNY
HALLYDAY

Sortie de l'album
Les rocks les plus
terribles.

10
JUILLET

☀ 6 h 03 ☀ 21 h 48

St Ulrich

1964

JOHNNY
HALLYDAY

Que voit-on sur la pochette de l'album De l'amour, sorti en 2015 ?

Un portrait de Johnny en noir et blanc.

11

JUILLET

☀ 6 h 04 ☀ 21 h 48

Ste Olga, St Benoît

JOHNNY
HALLYDAY

12

JUILLET

6 h 05 21 h 47

St Olivier

JOHNNY
HALLYDAY

LE SAVIEZ-VOUS ?

Sur la chanson « J'ai un problème », Sylvie et Johnny, pris de fous rire incontrôlés, ont dû enregistrer leurs voix séparément.

13

JUILLET

☀ 6 h 06 ☀ 21 h 46

St Henri, St Joël

JOHNNY
HALLYDAY

Johnny donne un concert gratuit au pied de la Tour Eiffel devant 700 000 à un million de spectateurs.

14
JUILLET
2009

☀ 6 h 07 · 21 h 45

Fête nationale • St Camille

JOHNNY
HALLYDAY

Si on chantait ?
Complétez les paroles :

« Les gens m'appellent l'idole des jeunes, il en est même qui... »

15
JUILLET

6 h 08 — 21 h 44

St Donald

...m'envient

JOHNNY
HALLYDAY

Avec quelle personnalité Johnny a-t-il un accident à bord d'une Lamborghini Miura P400, le 27 août 1967 ?

a) Michel Sardou
b) Jean-Marie Périer
c) Ticky Holgado

a) Michel Sardou

16
JUILLET

6 h 09 21 h 44

Notre-Dame du Mont Carmel

JOHNNY
HALLYDAY

Classer ces trois chansons de la plus récente à la plus ancienne.

a) « Quelque chose de Tennessee »

b) « Que je t'aime »

c) « Vivre pour le meilleur »

c-b-a - « Vivre pour le meilleur » date de 1999, « Quelque chose de Tennessee » en 1985 et « Que je t'aime » en 1969.

17

JUILLET

6 h 10 · 21 h 43

Ste Charlotte

JOHNNY
HALLYDAY

En 1995, Johnny craque pour une voiture hors du commun, fabriquée en Belgique et motorisée par un Ford Cosworth 2 litres turbo. Il s'agit d'une :

a) Gillet Vertigo

b) Gillet Indigo

c) Gillet Subito

a) Elle sera même personnalisée d'une magnifique peinture Flaming, spécialement pour le show à Bercy.

18
JUILLET
6 h 11 21 h 42
St Frédéric

JOHNNY
HALLYDAY

19

JUILLET

☀ 6 h 12 ☀ 21 h 41

St Arsène

JOHNNY
HALLYDAY

Si on chantait ? Complétez les paroles :

« Allumer le feu, allumer le feu et... »

…faire danser les diables et les dieux

20

JUILLET

6 h 14 21 h 40

Ste Marina

JOHNNY
HALLYDAY

En près de 60 ans de carrière, Johnny a effectué 182 tournées et s'est produit sur scène 3253 fois, donnant des concerts exceptionnels qui ont attiré plus de 28 millions de spectateurs. Des spectacles magistraux, « à l'américaine ».

21
JUILLET

☀ 6 h 15 ☀ 21 h 39

St Daniel, St Victor

JOHNNY
HALLYDAY

Au volant de quelle voiture Johnny roule-t-il avec Maxim Nucci dans les rues de Malibu, en mars 2017 ?

a) Un cabriolet AC Cobra

b) Une Hot Rod

c) Une Renault alpine

a) Un cabriolet AC Cobra de couleur bleue

22

JUILLET

6 h 16 21 h 37

Ste Marie-Madeleine

JOHNNY
HALLYDAY

Johnny a reçu
un World Music Award.
Vrai ou faux ?

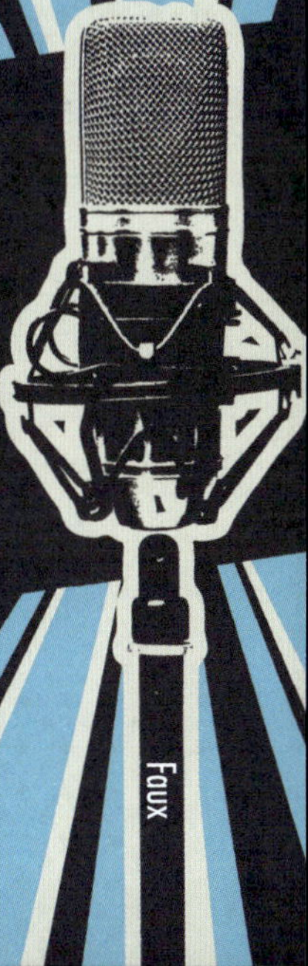

23
JUILLET

☀ 6 h 17 ☀ 21 h 36

Ste Brigitte

Faux

JOHNNY
HALLYDAY

Johnny a fait ses premiers pas au cinéma dans *Les Diaboliques* d'Henri-Georges Clouzot.

Vrai ou faux ?

Vrai, en 1955.

24
JUILLET

6 h 18 · 21 h 35

Ste Christine, Ste Ségolène

JOHNNY
HALLYDAY

Lorsque sur Europe n° 1, Lucien Morisse casse le premier disque de Johnny Hallyday en affirmant : « C'est la première et la dernière fois que vous entendez Johnny Hallyday », de quel titre s'agit-il ?

« T'aimer follement »

25
JUILLET

6 h 20 21 h 34

St Jacques

JOHNNY
HALLYDAY

Dans quel film Johnny Hallyday organise-t-il son propre enlèvement ?

L'aventure, c'est l'aventure, en 1972.

26

JUILLET

☀ 6 h 21 ☀ 21 h 33

Ste Anne, St Joachim

JOHNNY
HALLYDAY

Johnny donne un concert sur le pont du porte-avions Foch.

27

JUILLET

6 h 22 21 h 31

Ste Nathalie

1979

JOHNNY
HALLYDAY

28
JUILLET

6 h 23 · 21 h 30

St Samson

JOHNNY
HALLYDAY

Quelle chanson a été écrite par Jean-Jacques Debout spécialement pour le film *D'où viens-tu Johnny* en 1963 ?

« Pour moi la vie va commencer »

29
JUILLET

6 h 25 · 21 h 29

Ste Marthe

JOHNNY
HALLYDAY

En quelle année Johnny Hallyday s'est-il produit pour la dernière fois au Stade de France ?

2012

30
JUILLET

6 h 26 21 h 27

Ste Juliette

JOHNNY
HALLYDAY

Installé en Californie, Johnny assouvit un de ses rêves. Lequel ?

a) Il s'offre une Hot Rod Coddington sur mesure

b) Il roule uniquement en Hummer

c) Il fait venir toute sa collection de motos par le fret

a) Il s'offre une Hot Rod Coddington sur mesure.

31

JUILLET

6 h 27 21 h 26

St Ignace de Loyola

JOHNNY
HALLYDAY

Dans quel film, Johnny Hallyday chante-t-il « Vous les femmes (pauvres diables) », reprise du succès de Julio Iglesias ?

a) *15 août* de Patrick Alessandrin
b) *L'homme du train* de Patrice Leconte
c) *Wanted* de Brad Mirman

a) 15 août de Patrick Alessandrin

1er
AOÛT

6 h 27 21 h 25

St Alphonse

JOHNNY
HALLYDAY

2

AOÛT

6 h 29 21 h 23

St Julien

JOHNNY
HALLYDAY

En 1974, Johnny chante le générique de la série Le soleil se lève à l'est.

Vrai ou faux ?

3
AOÛT

6 h 30 21 h 22

Ste Lydie

JOHNNY
HALLYDAY

En 1990, Johnny joue le rôle de Jacques un vétéran français de la guerre d'Indochine devenu garde du camp de prisonniers nord-vietnamiens dans le film *Le Triangle de Fer* d'Éric Weston.

Vrai ou faux ?

Vrai. Le film ne connaît qu'une sortie confidentielle en vidéo-cassette puis sera diffusé sur Canal+.

4
AOÛT
6 h 31 21 h 20
St Jean-Marie Vianney

JOHNNY
HALLYDAY

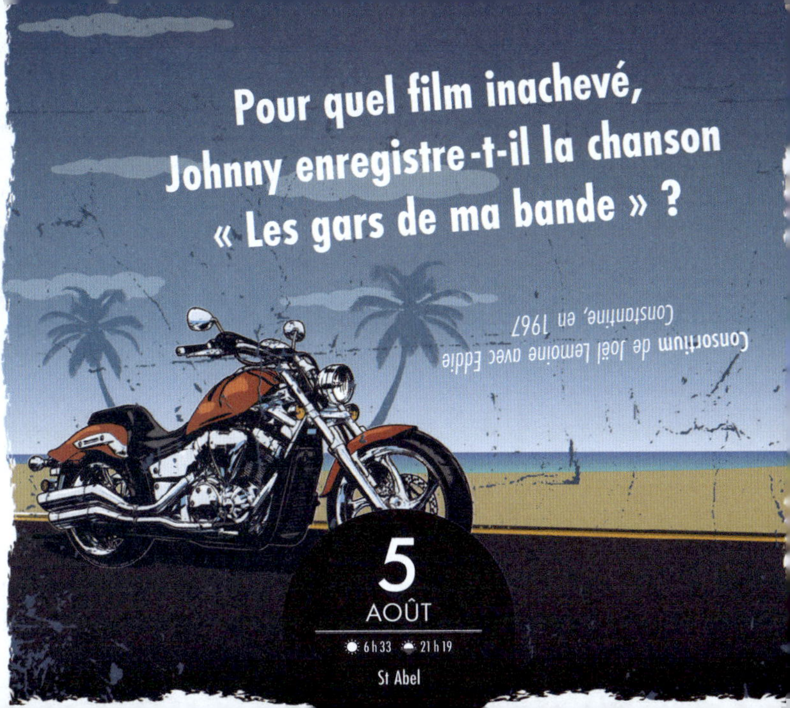

Pour quel film inachevé, Johnny enregistre-t-il la chanson « Les gars de ma bande » ?

Consortium de Joël Lemoine avec Eddie Constantine, en 1967

5

AOÛT

6 h 33 21 h 19

St Abel

JOHNNY
HALLYDAY

Quel est le rôle de Johnny dans Les Rivières pourpres 2, d'Olivier Dahan ?

6

AOÛT

6 h 34 21 h 17

St Octavien

JOHNNY
HALLYDAY

Combien de fauteuils les fans de Johnny ont-ils cassé lors du concert au Palais des Sports, le 24 février 1961 ?

a) 700

b) 1 000

c) 900

a) 700

7

AOÛT

6 h 35 21 h 15

St Gaétan

JOHNNY
HALLYDAY

Combien de guitares Johnny a-t-il détruit sur scène ?

Plus de 50

8
AOÛT

6 h 37 21 h 14

St Dominique

1964

JOHNNY
HALLYDAY

Combien de fois Johnny s'est-il produit sur scène ?

a) Plus de 1 000 fois
b) Plus de 2 000 fois
c) Plus de 3 000 fois

c) 3 253 fois

9
AOÛT
6 h 38 · 21 h 12
St Amour

JOHNNY
HALLYDAY

10
AOÛT

6 h 40 · 21 h 10

St Laurent

JOHNNY HALLYDAY

Johnny domine les hit-parades avec l'adaptation de *Old time Rock'n'roll* de Bob Seger. « Le bon temps du rock'n'roll » deviendra un hymne lors de ses concerts.

11

AOÛT

1979

6 h 41 — 21 h 09

Ste Claire

JOHNNY
HALLYDAY

Quand a eu lieu la dernière tournée de Johnny ?

a) En juillet et août 2017

b) En septembre et novembre 2017

c) En juin et juillet 2017

12

AOÛT

6 h 42 21 h 07

Ste Clarisse

c) En juin et juillet 2017

JOHNNY
HALLYDAY

En mai 1999, à qui Johnny fait-il la surprise de venir chanter sur scène « Le Pénitencier » ?

Hugues Aufray

13
AOÛT

6 h 44 — 21 h 05

St Hippolyte

JOHNNY
HALLYDAY

Naissance de David Hallyday.

14
AOÛT

6 h 45 21 h 03

St Évrard

1966

JOHNNY
HALLYDAY

LE SAVIEZ-VOUS ?

À l'été 1978, la chanson « Elle m'oublie » obtient le Grand Prix de la SACEM. Johnny la chante la première fois à la télévision le 18 juin 1978, au cours d'un « Numéro 1 » consacré à son ami Michel Sardou.

15
AOÛT

☀ 6 h 46 ☀ 21 h 02

Assomption • Ste Marie

JOHNNY
HALLYDAY

En juin 1973, Johnny chante 3 soirs gratuitement à L'Olympia, menacé de fermeture.

Vrai ou faux ?

16

AOÛT

☀ 6 h 48 ☀ 21 h 00

St Armel, St Roch

JOHNNY
HALLYDAY

Quel artiste s'est moqué de Johnny lorsque ce dernier faisait la première partie de Raymond Devos, en 1960 ?

a) Henri Salvador

b) Guy Bedos

c) Coluche

17

AOÛT

6 h 49 20 h 58

Ste Jeanne

a) Henri Salvador

JOHNNY
HALLYDAY

Septembre 1974, Johnny effectue un tour d'honneur sur le circuit Bugatti lors du Bol d'Or au guidon d'une Kawasaki, spécialement préparée pour lui. Énorme ovation !

18
AOÛT

6 h 51 — 20 h 56

Ste Hélène

JOHNNY
HALLYDAY

Le rocker franchit une nouvelle étape dans sa jeune carrière. Il quitte Vogue pour Philips, l'impresario Georges Leroux pour Johnny Stark, et son cousin Lee devient conseiller artistique.

19
AOÛT
6 h 52 20 h 54
St Jean Eudes

1961

JOHNNY
HALLYDAY

Dans quelle comédie musicale Johnny a-t-il chanté ?

Émilie Jolie. Johnny jouait le rôle du Grand Oiseau.

20
AOÛT

6 h 53 — 20 h 52

St Bernard

JOHNNY
HALLYDAY

Dans quelle ville Johnny démarre-t-il la tournée *Rester Vivant Tour* ?

Montpellier

21

AOÛT

6 h 55 20 h 51

St Christophe

JOHNNY
HALLYDAY

Johnny entame les répétitions de la pièce de Tennessee Williams *Le paradis sur Terre* au Théâtre Edouard VII.

22
AOÛT
2001

6 h 56 — 20 h 49

St Fabrice

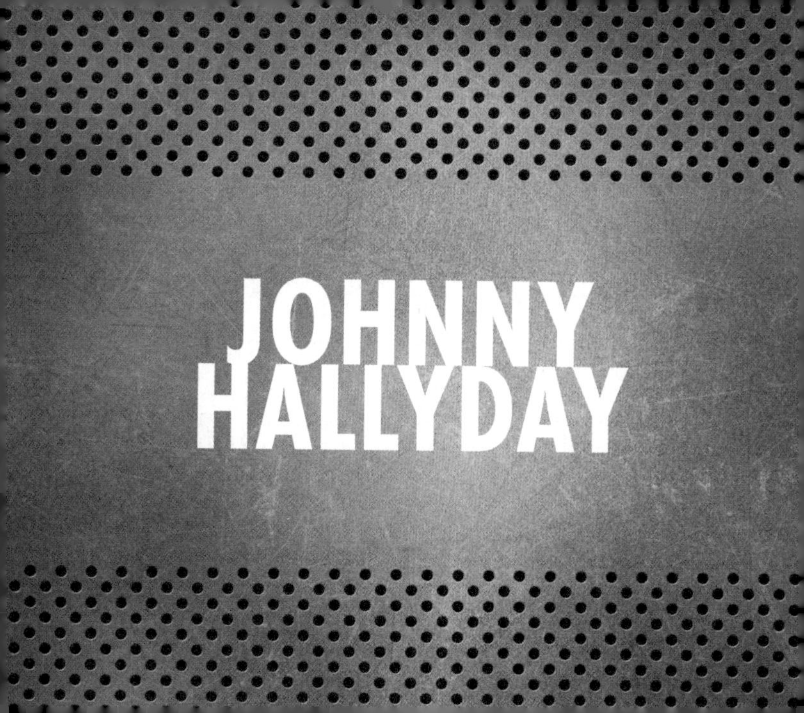
JOHNNY
HALLYDAY

23
AOÛT

☀ 6 h 58 ☀ 20 h 47

Ste Rose

JOHNNY
HALLYDAY

Que fait Johnny sur scène lors de son concert à Montpellier, le 16 août 1976 ?

a) *Une minute de silence en hommage à Elvis Presley*

b) *Il sort de scène en guise de protestation à la guerre du Vietnam*

c) *Il refuse de chanter*

a) Une minute de silence en hommage à Elvis Presley

24

AOÛT

6 h 59 20 h 45

St Barthélemy

JOHNNY
HALLYDAY

Françoise Sagan a écrit les paroles de :

a) « Un dernier cri »

b) « Quelques cris »

c) « À corps et à cris »

25

AOÛT

7 h 01 20 h 43

St Louis

b) « Quelques cris »

JOHNNY
HALLYDAY

Combien de concerts Johnny fait-il à l'Olympia entre le 17 juin et le 25 août 2000 ?

a) 42
b) 52
c) 62

a) 42

26
AOÛT
7h02 20h41
Ste Natacha

JOHNNY
HALLYDAY

Avec quel instrument Johnny a-t-il commencé la musique ?

Le violon

27

AOÛT

7 h 03 — 20 h 39

Ste Monique

JOHNNY
HALLYDAY

De quelle chanson sont extraites les paroles : *« Elle vient de là, elle vient du blues… »* ?

« Toute la musique que j'aime »

28
AOÛT

7 h 05 — 20 h 37

St Augustin

JOHNNY
HALLYDAY

De quelle couleur était la Mercedes GT AMG acquise en 2017 par Johnny ?

Jaune

29
AOÛT
7 h 06 20 h 35
Ste Sabine

JOHNNY
HALLYDAY

Pour quelle cause Johnny chante-t-il au Palais des Sports le 30 octobre 1972 ?

Pour la réforme du système pénitencier

30
AOÛT

7 h 08 · 20 h 33

St Fiacre

JOHNNY
HALLYDAY

Combien de fois Johnny a-t-il chanté sur la scène du palais omnisport de Paris-Bercy ?

a) Plus de 10 fois

b) Plus de 100 fois

c) Plus de 1 000 fois

b) Plus de 100 fois

31

AOÛT

7 h 09 20 h 31

St Aristide

JOHNNY
HALLYDAY

Première grande scène parisienne à l'Alhambra.

1er SEPTEMBRE 1960

7 h 12 20 h 28

St Gilles

JOHNNY
HALLYDAY

Johnny a toujours refusé de chanter à la Fête de l'Humanité.

Vrai ou faux ?

Faux. Il y a chanté deux fois.

2

SEPTEMBRE

7 h 13 — 20 h 26

Ste Ingrid

JOHNNY
HALLYDAY

De quelle couleur
était la Rolls-Royce Drophead
de Johnny ?

3
SEPTEMBRE

7 h 14 20 h 24

St Grégoire

Bicolore : gris et bleu

JOHNNY
HALLYDAY

C'est une pluie battante
qui accueille les 80 000 spectateurs
qui se rendent au Stade de France
pour la première du concert
de l'artiste.
Le show est finalement annulé.

4
SEPTEMBRE
1998

7 h 16 — 20 h 22

Ste Rosalie

JOHNNY
HALLYDAY

5, 6 et 11 septembre :
Shows au Stade de France, d'autant plus impressionnants que la star a une revanche à prendre sur le sort.

5
SEPTEMBRE

7 h 17 — 20 h 20

Ste Raïssa

1998

JOHNNY
HALLYDAY

De quelle chanson sont extraites les paroles : « Je voudrais, dans tes bras nus me reposer… » ?

« Marie »

6

SEPTEMBRE

7 h 19 20 h 18

St Bertrand

JOHNNY
HALLYDAY

Pendant ses permissions militaires, Johnny roule sur une Harley-Davison Hydra Glide 1200 rouge.

Vrai ou faux ?

7

SEPTEMBRE

7 h 20 · 20 h 16

Ste Reine

Vrai

JOHNNY
HALLYDAY

De quelle chanson sont extraites les paroles : « Et même si c'est pas vrai si on te l'a trop fait... » ?

8

SEPTEMBRE

7 h 21 — 20 h 14

St Adrien

JOHNNY
HALLYDAY

Sortie de l'album Entre violence et violons.

9

SEPTEMBRE

7 h 23 · 20 h 12

St Alain

1983

JOHNNY
HALLYDAY

Sortie de l'album *Sang pour sang*, dont toutes les musiques sont signées par David Hallyday, le fils de Johnny.

10
SEPTEMBRE
1999

☀ 7 h 24 ☀ 20 h 10

Ste Inès

JOHNNY
HALLYDAY

11

SEPTEMBRE

7 h 26 20 h 07

St Adelphe

JOHNNY
HALLYDAY

À bord de quel véhicule Johnny emmène-t-il Sylvie jusqu'à l'église de Loconville, le 12 avril 1965 ?

Une Buick Riviera 225 Cabriolet, couleur bronze

12

SEPTEMBRE

7 h 27 20 h 05

St Apollinaire

JOHNNY
HALLYDAY

13
SEPTEMBRE

7 h 29 · 20 h 03

St Aimé

JOHNNY
HALLYDAY

Première représentation du spectacle *Fantasmhallyday* au Palais des Sports. Rappelant l'univers du film *Mad Max*, la première partie demande au chanteur de se lancer à corps perdu dans une série de combats à haut risque. Il recevra plusieurs coups handicapants, notamment à la hanche, durant ces affrontements « barbares ».

14
SEPTEMBRE
1982

7 h 30 · 20 h 01

Croix glorieuse

JOHNNY
HALLYDAY

De quelle chanson sont extraites les paroles : « Et c'est là que je finirai ma vie... » ?

« Le Pénitencier »

15
SEPTEMBRE

7 h 31 19 h 59

St Roland

JOHNNY
HALLYDAY

À partir du 15 septembre :
Johnny Hallyday va se produire
à Bercy pour trois semaines,
à guichets fermés. Il démarre ensuite
une tournée marathon qui durera
plus d'un an et demi.

16
SEPTEMBRE

1987

7 h 33 19 h 57

Ste Édith

JOHNNY
HALLYDAY

Publication de l'album La Terre promise enregistré à Nashville où Johnny n'était pas venu travailler depuis 1962.

17 SEPTEMBRE 1975

7 h 34 19 h 55

St Renaud

JOHNNY
HALLYDAY

À la fin de l'année 1965, Johnny craque pour un tout nouveau modèle italien.

Comment s'appelle-t-il ?

18
SEPTEMBRE

7 h 36 — 19 h 53

Ste Nadège

Iso Grifo A3L. Johnny pulvérisa au bout d'une semaine ce bolide inédit !

JOHNNY
HALLYDAY

De quelle chanson sont extraites les paroles : « Le temps passé me remplit de toi... » ?

« Laura »

19

SEPTEMBRE

7 h 37 19 h 50

Ste Émilie

JOHNNY
HALLYDAY

Johnny s'installe à l'Olympia, en tête d'affiche, pour la première fois.

20 SEPTEMBRE 1961

7 h 38 — 19 h 48

St Jean-Charles

JOHNNY
HALLYDAY

Parution de l'album
Pas facile.

21
SEPTEMBRE

7 h 40 19 h 46

St Matthieu

1981

JOHNNY
HALLYDAY

De quelle chanson sont extraites les paroles : « *Au-delà de nos différences, on se ressemble…* » ?

« Sang pour sang »

22
SEPTEMBRE

7h41 19h44

Automne • St Maurice

JOHNNY
HALLYDAY

Johnny est à la première place des ventes de singles en France avec « La Loi du silence ».

23 SEPTEMBRE 2006

7 h 43 19 h 42

St Constant

JOHNNY
HALLYDAY

Qui est le co-pilote de Johnny lors du 36e Rallye de Monte-Carlo, en janvier 1967 ?

Henri Chemin, pilote et public-relation de Ford

24
SEPTEMBRE

7 h 44 19 h 40

St Anatole

JOHNNY
HALLYDAY

25
SEPTEMBRE

7 h 46 — 19 h 38

St Hermann

JOHNNY
HALLYDAY

Si on chantait ?
Complétez les paroles :

« Au-delà de nos différences, des coups de gueule, des coups... »

…de sang

26
SEPTEMBRE

7 h 47 19 h 35

St Côme, St Damien

JOHNNY
HALLYDAY

27
SEPTEMBRE

☀ 7 h 48 ☀ 19 h 33

St Vincent de Paul

JOHNNY
HALLYDAY

Si on chantait ?
Complétez les paroles :
« C'est ma dernière cigarette,
mon dernier verre... »
...de rhum
28
SEPTEMBRE
7 h 50 19 h 31
St Venceslas

JOHNNY
HALLYDAY

De quelle chanson sont extraites les paroles : « *Quand tes cheveux s'étalent…* » ?

« Que je t'aime »

29

SEPTEMBRE

7 h 51 19 h 29

St Michel, St Gabriel

JOHNNY
HALLYDAY

30
SEPTEMBRE

7 h 53 — 19 h 27

St Jérôme

JOHNNY
HALLYDAY

La revue américaine *Rolling Stones* consacre « Excuse-moi partenaire » enregistré par Johnny, en 1963, comme la meilleure la reprise du classique de blues intitulé *Cuttin'in* de Johnny Guitar Watson.

1er
OCTOBRE

1988

7 h 54 19 h 25

Ste Thérèse de l'Enfant Jésus

JOHNNY
HALLYDAY

Johnny apparaît sur l'album de son ami Eddy Mitchell *Jambalaya* en duo avec lui sur le titre « On veut des légendes » et en trio avec Little Richard et Eddy sur la reprise « Elle est terrible ».

2
OCTOBRE

☀ 7 h 56 ☀ 19 h 23

St Léger

2006

JOHNNY
HALLYDAY

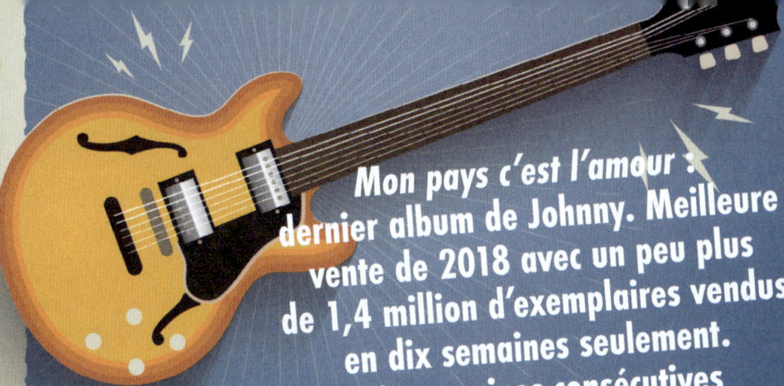

Mon pays c'est l'amour : dernier album de Johnny. Meilleure vente de 2018 avec un peu plus de 1,4 million d'exemplaires vendus en dix semaines seulement. Dix semaines consécutives où il s'est évidemment classé n° 1 des ventes.

3
OCTOBRE

7 h 57 19 h 21

St Gérard

JOHNNY
HALLYDAY

Sortie de l'album *Rough Town*, entièrement en anglais.

4
OCTOBRE

1994

☀ 7 h 59 ☀ 19 h 19

St François d'Assise

JOHNNY
HALLYDAY

Si on chantait ?
Complétez les paroles :
« Ouais, mon amour viens de... »

5
OCTOBRE

8 h 00 19 h 17

Ste Fleur

JOHNNY
HALLYDAY

« Le Pénitencier » est une chanson enregistrée par Johnny en 1964. Il s'agit de l'adaptation française du standard américain *The House of the Rising Sun* dont la version blues est caractérisée par un long solo d'orgue.

6

OCTOBRE

8h02 19h15

St Bruno

JOHNNY
HALLYDAY

Dans « J'en parlerai au diable », Johnny évoque sans fioriture sa vie écoulée, ses erreurs, ses excès et tous les douloureux moments qu'il a dû traverser et qu'il n'a jamais oubliés : « Si jamais on me dit ça tu le mérites, je l'ai sûrement cherché, que j'ai trop flirté avec les limites, je ne vais pas le nier. »

7
OCTOBRE

8h03 19h12

St Serge

JOHNNY
HALLYDAY

Le titre « Je te promets » s'écoule à plus de 400 000 exemplaires en France à sa sortie, en 1987. Suite au décès du chanteur en décembre 2017, le titre devient n° 1 des ventes, ce qui lui vaut d'être Disque d'Or en septembre 2018.

8
OCTOBRE

8 h 05 — 19 h 10

Ste Pélagie

JOHNNY
HALLYDAY

En 1973, Johnny se balade dans les rues de Paris en Chopper à moteur Harley Shovel Fonte avec :

a) Sylvie Vartan

b) Michel Polnareff

c) Patrick Juvet

9

OCTOBRE

8 h 06 19 h 08

St Denis

JOHNNY
HALLYDAY

De quelle chanson sont extraites les paroles : « Tu étais pour moi ma dernière chance… » ?

« Marie »

10

OCTOBRE

☀ 8 h 08 ☀ 19 h 06

St Hugo

JOHNNY
HALLYDAY

LE SAVIEZ-VOUS ?

En interprétant « Le chanteur abandonné », c'est à Claude François que Johnny pense.

11
OCTOBRE

8h09 19h04

St Firmin

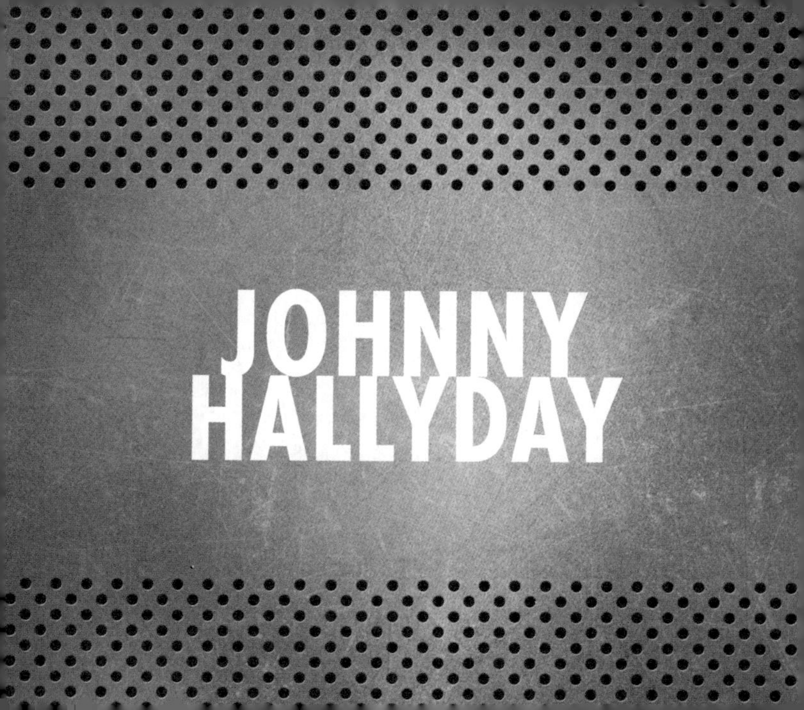
JOHNNY
HALLYDAY

12
OCTOBRE

8 h 11 — 19 h 02

St Wilfried

JOHNNY
HALLYDAY

Quelle moto Johnny choisit-il pour tourner le clip de son disque « Le survivant » ?

Une Kawasaki Z 1000 LTD

13

OCTOBRE

8 h 12 19 h 00

St Géraud

JOHNNY
HALLYDAY

Le 29e album live de Johnny Hallyday s'intitule *Rester Vivant Tour*.

14 OCTOBRE 2016

8 h 14 — 18 h 58

St Céleste

JOHNNY
HALLYDAY

Si on chantait ?
Complétez les paroles :

« Mais tout ceci ne m'empêche pas de penser : « Cette fille-là, mon vieux... »

15
OCTOBRE

8 h 15 18 h 56

Ste Thérèse d'Avila

JOHNNY
HALLYDAY

En mai 1982, pour le tournage de son clip « Le Survivant », il choisit de chevaucher une Kawasaki Z 1000 LTD. Malheureusement, durant les prises de vue sur les plages du Touquet, il se blesse sérieusement à la hanche.

16
OCTOBRE

8 h 17 — 18 h 54

Ste Edwige

JOHNNY
HALLYDAY

17

OCTOBRE

8 h 18 18 h 52

St Baudouin

JOHNNY HALLYDAY

De quelle chanson sont extraites les paroles : « T'as rien dit tu l'as déjà dit... » ?

« Ma gueule »

18

OCTOBRE

8 h 20 — 18 h 51

St Luc

JOHNNY
HALLYDAY

Pour son spectacle au palais omnisport de Paris-Bercy en 1992, Johnny chevauche une :

a) Kawasaki 900 Ninja
b) Kawasaki Z 1000 LTD
c) Kawasaki 1500 Sumo

a) Et... complètement dorée !

JOHNNY
HALLYDAY

Sortie de l'album *Tant pis... c'est la vie*, dernière collaboration avec Jacques Revaux.

20

OCTOBRE

1977

8 h 23 — 18 h 47

Ste Adeline

JOHNNY
HALLYDAY

Sortie du single « Marie », chanson écrite et produite par Gérald de Palmas. Titre phare de l'album *À la vie, à la mort* ! La chanson obtient un grand succès et s'écoule à un million quatre cent mille exemplaires.

21
OCTOBRE
2002

8h25 18h45

Ste Céline

JOHNNY
HALLYDAY

Sur quel engin Johnny débute-t-il l'émission « Numéro un » qui lui est consacrée le 11 juin 1977 ?

22
OCTOBRE

8 h 26 · 18 h 43

Ste Élodie

Un Trike Volkswagen

JOHNNY
HALLYDAY

Johnny annonce son retour sur scène à Paris pour 2006, au Palais des Sports et avec une tournée baptisée *Flashback*.

23
OCTOBRE

8 h 28 – 18 h 41

St Jean de Capistran

JOHNNY
HALLYDAY

Si on chantait ?
Complétez les paroles :

« Diego, libre dans sa tête.
Derrière sa fenêtre... »

24
OCTOBRE

8 h 29 18 h 39

St Florentin

JOHNNY
HALLYDAY

Johnny commence une série de concerts au Zénith qui va durer trois mois. Un immense avant-bras et une main métallique de plus de quinze mètres de long amène l'artiste sur scène, 4 000 projecteurs sont installés, des danseurs, des cascadeurs, une guillotine et une bagarre au fouet, le chanteur n'a pas lésiné sur la mise en scène.

25 OCTOBRE **1984**

8 h 31 — 18 h 38

St Crépin

JOHNNY
HALLYDAY

À l'été 1989, Johnny est obligé de faire casser le seuil du portail d'accès d'une villa pour y faire rentrer sa Mercedes 560 AMG.

Vrai ou faux ?

Vrai, car la voiture était très basse.

26
OCTOBRE

☀ 8 h 32 ☀ 18 h 36

St Dimitri

JOHNNY HALLYDAY

Sortie de l'album
Ça ne finira jamais
où figure en duo
avec Joss Stone
une reprise
d'Enchained melody.

27
OCTOBRE
8 h 34 18 h 34
Ste Émeline

2008

JOHNNY
HALLYDAY

Du 28 octobre au 1er novembre :
Série de spectacles à La Cigale
et mini-tournée européenne.
Robin Lemesurier devient le soliste
de référence de l'artiste.
Il l'est toujours aujourd'hui.

28
OCTOBRE
8 h 36 18 h 32
St Jude, St Simon

1994

JOHNNY
HALLYDAY

29
OCTOBRE

8 h 37 — 18 h 30

St Narcisse

JOHNNY
HALLYDAY

Sortie sur les écrans
de son véritable premier film,
D'où viens-tu Johnny ?
Gros succès en salle.

30
OCTOBRE

8 h 39 18 h 29

Ste Bienvenue

1963

JOHNNY
HALLYDAY

En 2024, le spectacle « Johnny symphonique » est un show dans lequel un orchestre symphonique et un chœur de 100 musiciens interprètent le répertoire du célèbre rocker. La mise en scène est signée Yvan Cassar, qui a été son directeur musical pendant 15 ans.

31

OCTOBRE

8 h 40 18 h 27

Halloween • St Quentin

JOHNNY
HALLYDAY

Quel est le classement de Johnny lors du 24e Rallye Dakar ?

a) 44e

b) 45e

c) 46e

46e sur 117 concurrents classés

1er

NOVEMBRE

☀ 7 h 42 ☀ 17 h 25

Toussaint

JOHNNY
HALLYDAY

2

NOVEMBRE

7 h 44 17 h 24

Défunts

JOHNNY
HALLYDAY

Si on chantait ?
Complétez les paroles :

« Il y a longtemps sur des guitares, des mains noires lui donnaient le jour pour... »

3
NOVEMBRE

☀ 7 h 45 ☀ 17 h 22

St Hubert

JOHNNY
HALLYDAY

Sortie du double-album *À la vie, à la mort*. Le single « Marie » s'envole dans les hit-parades. C'est encore aujourd'hui la plus grosse vente single de sa discographie.

4

NOVEMBRE

2002

7 h 47 17 h 21

St Charles

JOHNNY
HALLYDAY

Johnny Hallyday et Sylvie Vartan divorcent.

5

NOVEMBRE

7 h 48 17 h 19

Ste Sylvie

1980

JOHNNY
HALLYDAY

Sortie de l'album Vie qui fait la part belle au texte de Philippe Labro : Essayez, Poème sur la 7ème.

6

NOVEMBRE

1970

7 h 50 17 h 18

St Léonard

JOHNNY
HALLYDAY

Sortie de l'album
Ma vérité emmené par les hits
« Ma religion dans son regard »
et « Mon plus beau Noël ».

7
NOVEMBRE
2005

7 h 52 17 h 16

Ste Karine

JOHNNY
HALLYDAY

Quel engin Laeticia offre-t-elle à Johnny pour circuler à Gstaad ?

a) Un quad Yamaha Grizzly 660

b) Un vélo électrique

d) Un bobsleigh

a) Un quad Yamaha Grizzly 660

8

NOVEMBRE

7 h 53 17 h 15

St Geoffroy

JOHNNY
HALLYDAY

Combien Johnny a-t-il réalisé de road trip dans l'Ouest américain ?

a) 3

b) 4

c) 6

a) 3

9
NOVEMBRE
7 h 55 17 h 13
St Théodore

JOHNNY
HALLYDAY

À partir de 1987, Johnny tourne une série pour la télévision : *David Lansky*. Le commissaire a choisi le bicylindre Kawasaki 1500 Sumo. Une moto qui en impose.

10

NOVEMBRE

7 h 56 17 h 12

St Léon

JOHNNY
HALLYDAY

Nouvel album studio
***Le cœur d'un homme*,**
le premier chez Warner Music,
d'inspiration bluesy.

11
NOVEMBRE
2007

7 h 58 17 h 11

Armistice 1918

JOHNNY
HALLYDAY

Parution de l'album studio *L'attente* réalisé par Yvan Cassar.

12
NOVEMBRE
2012

8 h 00 17 h 09

St Christian

JOHNNY
HALLYDAY

À la surprise générale, Johnny Hallyday sort son 50e album studio intitulé *De l'amour* et réalisé par Yodelice.

13 NOVEMBRE **2015**

8h01 17h08

St Brice

JOHNNY
HALLYDAY

Si on chantait ?
Complétez les paroles :

« De semaines inutiles en futiles dimanches. De secondes immobiles aux aiguilles qui penchent. J'oublierai... »

14
NOVEMBRE

8 h 03 · 17 h 07

St Sidoine

JOHNNY
HALLYDAY

Naissance de Laura Smet.

15 NOVEMBRE 1983

8 h 04 17 h 05

St Albert

JOHNNY
HALLYDAY

Johnny a pris des cours de théâtre au cours Florent.

Vrai ou faux ?

Faux. Johnny a pris des cours au centre d'art dramatique de la rue Blanche et au théâtre du Petit Monde.

16
NOVEMBRE

8 h 06 17 h 04

Ste Marguerite

JOHNNY
HALLYDAY

Réalisé par le producteur américain Don Was, *Rester vivant* est le nouvel album de Johnny Hallyday.

17
NOVEMBRE
2014

8 h 07 — 17 h 03

Ste Élisabeth

JOHNNY
HALLYDAY

18
NOVEMBRE

8 h 09 — 17 h 02

Ste Aude

JOHNNY
HALLYDAY

Dans le film *À tout casser*, Johnny partage l'affiche avec Serge Reggiani.

Vrai ou faux ?

Faux. Johnny joue avec Michel Serrault et Eddie Constantine.

19

NOVEMBRE

8h10 17h01

St Tanguy

JOHNNY
HALLYDAY

LE SAVIEZ-VOUS ?

Johnny a enregistré *Allumer le feu* en une seule prise. La version qui figure sur le disque dure 5 minutes 29 secondes.

20
NOVEMBRE

8 h 12 — 17 h 00

St Edmond

JOHNNY
HALLYDAY

Johnny est à la première place des ventes de singles avec « Ça n'finira jamais ».

21 NOVEMBRE 2008

☀ 8h13 ☀ 16h59

Présentation de la Vierge Marie

JOHNNY
HALLYDAY

22

NOVEMBRE

8 h 15 16 h 58

Ste Cécile

JOHNNY
HALLYDAY

Si on chantait ?
Complétez les paroles :

« Je n'ai jamais pleuré. On m'a giflé
on m'a cogné, on m'a laissé... »

23
NOVEMBRE

☀ 8 h 16 ☀ 16 h 57

St Clément

JOHNNY
HALLYDAY

Si on chantait ?
Complétez les paroles :

« Allez, vous portez nos espoirs,
vous gravez notre histoire.
Et dans nos cœurs vous... »

...serez toujours vainqueurs

24
NOVEMBRE

8 h 18 16 h 56

Ste Flora

JOHNNY
HALLYDAY

Un petit nouveau accompagne Johnny à la batterie lors de sa dernière au Pavillon de Paris : David Hallyday.

25 NOVEMBRE **1979**

8h19 16h56

Ste Catherine

JOHNNY
HALLYDAY

Dans le film *L'Animal* de Claude Zidi, Johnny donne la réplique à Jean-Paul Belmondo.

Vrai ou faux ?

Vrai. Bebel joue le rôle d'un cascadeur de talent qui double un acteur célèbre... Johnny lui-même !

26
NOVEMBRE

8h21 16h55

Ste Delphine

JOHNNY
HALLYDAY

En concert à Bercy, Johnny Hallyday interprète le titre « Un dimanche de janvier » extrait de son dernier album en hommage aux victimes des attentats terroristes de janvier à Paris.

27

NOVEMBRE

2015

8 h 22 16 h 54

St Virgile

JOHNNY
HALLYDAY

Johnny tourne *Vengeance*,
le film du réalisateur Johnnie To,
un polar noir et violent.

28 **2008**
NOVEMBRE

☀ 8 h 23 ☀ 16 h 53

St Jacques de la Marche

JOHNNY HALLYDAY

29

NOVEMBRE

☀ 8h25 ☀ 16h53

St Saturnin

JOHNNY
HALLYDAY

Si on chantait ?
Complétez les paroles :

« Avant qu'elle me renie, que je frôle les ténèbres. Que du fond de mon lit, plus rien... »

30
NOVEMBRE

8 h 26 16 h 52

St André

JOHNNY
HALLYDAY

Dans le film *Jean-Philippe* de Laurent Tuel, Johnny joue son propre rôle.

Vrai ou faux ?

Vrai

1er
DÉCEMBRE

8 h 26 16 h 52

Ste Florence, St Éloi

JOHNNY
HALLYDAY

Le CD *Sang pour sang* passe officiellement le cap des 1 million d'exemplaires vendus. Le chiffre sera doublé un an plus tard.
C'est toujours la plus importante vente album de sa discographie.

2
DÉCEMBRE
1999

8 h 28 16 h 51

Ste Viviane

JOHNNY
HALLYDAY

Si on chantait ?
Complétez les paroles :

« Un goût de bonheur qui vient au bon moment. Un goût d'espoir au milieu des tourments. Plus les coups sont durs... »

3

DÉCEMBRE

☀ 8 h 29 ☀ 16 h 51

St François-Xavier

JOHNNY
HALLYDAY

Le clip « J'en parlerai au diable »
est réalisé par François Goetghebeur
et est illustré par des images tournées
lors du road trip de l'artiste en 2016
sur la route 66.

4
DÉCEMBRE

8h30 16h51

Ste Barbara, Ste Barbe

JOHNNY
HALLYDAY

Dans Salaud, on t'aime de Claude Lelouch, Johnny partage l'affiche avec :

a) Sandrine Bonnaire et Eddy Mitchell

b) Benoît Magimel et Gérard Depardieu

c) Jean Reno et Catherine Deneuve

a) Sandrine Bonnaire et Eddy Mitchell

5
DÉCEMBRE

8 h 31 — 16 h 50

St Gérald

JOHNNY
HALLYDAY

Johnny a tenu le rôle principal dans 24 films.

Vrai ou faux ?

6

DÉCEMBRE

8 h 32 16 h 50

St Nicolas

Vrai

JOHNNY
HALLYDAY

Si on chantait ?
Complétez les paroles :
« Y a des «flat case» qui traînent sur scène. Et on démonte les... »

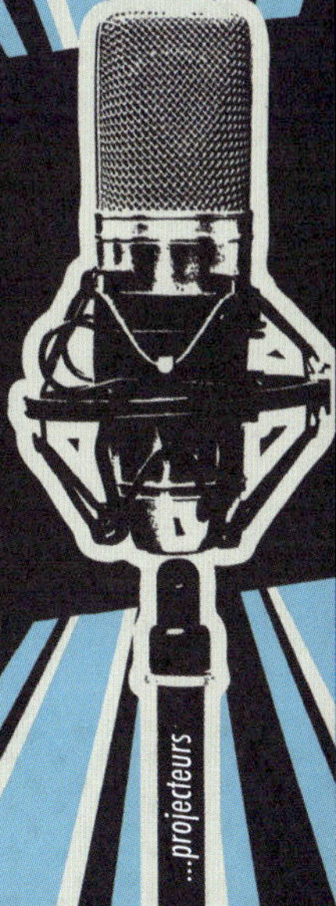

7
DÉCEMBRE
8 h 33 — 16 h 50
St Ambroise

JOHNNY HALLYDAY

Dans *Paparazzi*, d'Alain Berbérian, quel rôle joue Johnny ?

8

DÉCEMBRE

8 h 35 16 h 49

Immaculée Conception

Lui-même

JOHNNY
HALLYDAY

Dans le film *Love me* de Laëtitia Masson, quel est le nom du personnage qu'interprète Johnny ?

a) Lennox

b) José

c) Milan

9

DÉCEMBRE

8 h 36 16 h 49

St Pierre Fourier

a) Lennox

JOHNNY
HALLYDAY

Sortie de l'album
Ça ne change pas
un homme.

10
DÉCEMBRE

8 h 37 16 h 49

Ste Eulalie

1991

JOHNNY
HALLYDAY

11
DÉCEMBRE

☀ 8 h 38 🌅 16 h 49

St Arthur, St Daniel

JOHNNY
HALLYDAY

Quel est le titre du film pour lequel Johnny compose la musique principale ?

Signes extérieurs de richesse de Jacques Monnet

12
DÉCEMBRE

8 h 38 16 h 49

St Corentin

JOHNNY HALLYDAY

Combien de téléspectateurs ont assisté à la cérémonie d'enterrement de Johnny ?

15 millions

13

DÉCEMBRE

8 h 39 16 h 49

Ste Lucie

JOHNNY
HALLYDAY

Johnny participe au lancement de l'association de Coluche *Les Restos du cœur.*

14
DÉCEMBRE
1985

8 h 40 16 h 49

Ste Odile

JOHNNY
HALLYDAY

En 1969, Johnny Hallyday interprète la chanson d'un western de Jack Lee Thompson, sur une musique de Quincy Jones.

Quel est son titre ?

15

DÉCEMBRE

8 h 41 16 h 50

Ste Ninon

JOHNNY
HALLYDAY

Si on chantait ?
Complétez les paroles :

« T'as rien dit tu l'as déjà dit.
On n'va pas y passer la nuit.
Ma gueule et moi, on est d'sortie.
On cherchait plutôt des... »

...Amis

16
DÉCEMBRE
8 h 42 16 h 50
Ste Alice

JOHNNY HALLYDAY

Si on chantait ?

Complétez les paroles :

« Qu'on me donne le froid pour que j'aime la flamme. Pour que j'aime ma terre qu'on me donne l'exil. Et qu'on m'enferme un an pour... »

...rêver à des femmes

17

DÉCEMBRE

8 h 43 16 h 50

St Gaël

JOHNNY
HALLYDAY

Si on chantait ?
Complétez les paroles :

« J'ai une indigestion de disco.
Et tous ces crooners qui me tapent
sur les nerfs. Et le rétro... »

...j'en ai vraiment ras le bol

18
DÉCEMBRE

8 h 43 16 h 50

St Gatien

JOHNNY
HALLYDAY

Quelle particularité avait la cravate que portait de Johnny sur la tournée des Vieilles Canailles ?

Elle était noire avec une tête de mort.

19

DÉCEMBRE

8 h 44 — 16 h 51

St Urbain

JOHNNY
HALLYDAY

En 2016, Johnny se fait tatouer un couple de squelettes qui s'embrasse dans un cœur.

Vrai ou faux ?

Vrai, ce tatouage le représente avec Laeticia « unis dans la mort. »

20

DÉCEMBRE

8 h 44 — 16 h 51

St Isaac

JOHNNY
HALLYDAY

Quel est le titre du film d'Alexandre Arcady dans lequel Johnny chante la chanson du générique ?

Entre chiens et loups

21
DÉCEMBRE

8 h 45 16 h 52

Hiver • St Pierre Canisius

JOHNNY
HALLYDAY

JOHNNY
HALLYDAY

JOHNNY
HALLYDAY

JOHNNY HALLYDAY

Johnny Hallyday chante le générique du feuilleton télévisé *Les Chevaliers du ciel.*

Vrai ou faux ?

31

DÉCEMBRE

8 h 48 16 h 59

St Sylvestre

Vrai

JOHNNY HALLYDAY

30
DÉCEMBRE

8 h 48 16 h 58

St Roger

JOHNNY HALLYDAY

Johnny a encore une fois retourné sa veste musicale. Après les hippies et sa chanson « Jésus Christ », il se met au country-rock avec « Hey Lovely Lady », qui se vendra à 504 000 exemplaires. Sacré Johnny !

29 DÉCEMBRE 1975

8 h 47 16 h 57

St David

JOHNNY HALLYDAY

En 1974, le réalisateur Claude Mulot tourne *C'est jeune et ça sait tout* ; pour le générique de fin, Johnny Hallyday enregistre « Les grands enfants », chanson qui reste inédite jusqu'en 1993.

Vrai ou faux ?

28
DÉCEMBRE
8 h 47 16 h 56
Sts Innocents

Vrai

JOHNNY HALLYDAY

C'est fait ! Jade a désormais une petite sœur, prénommée Joy et âgée de 5 mois. Johnny et Laeticia l'ont adoptée au Vietnam.

27
DÉCEMBRE
2008

8 h 47 16 h 56

St Jean

JOHNNY HALLYDAY

26
DÉCEMBRE

8 h 47 16 h 55

St Étienne

JOHNNY
HALLYDAY

« J'm'appelle Jean-Philippe Smet, je suis né à Paris, vous me connaissez mieux sous le nom de Johnny. » C'est avec ces premiers mots que Johnny va conquérir la France en vendant 815 000 exemplaires du 45 tours « Que je t'aime »/« Je suis né dans la rue ».

25 DÉCEMBRE 1969

8 h 47 16 h 54

Noël

JOHNNY HALLYDAY

Si on chantait ?
Complétez les paroles :
« Pardonne-moi. Si les silences
au fond de moi m'ont rendu... »

24
DÉCEMBRE

8 h 46 16 h 53

Ste Adèle

JOHNNY HALLYDAY

23
DÉCEMBRE
8 h 46 16 h 53
St Armand

JOHNNY HALLYDAY

En 1983, Johnny Hallyday enregistre sur une musique de Philippe Sarde une chanson homonyme signée Jean-Loup Dabadie.

De quel film s'agit-il ?

J'ai épousé une ombre de Robin Davis

22
DÉCEMBRE

8h45 16h52

Ste Françoise-Xavière